此成果受国家自然科学基金项目"新一代信息技术影响增长结构的理论与经验研究"（项目批准号：71873144）资助

U0593344

连续双向拍卖
市场报价策略研究

白延涛◎著

Research of Bidding Strategies on
Continuous Double Auction

经济管理出版社
ECONOMY & MANAGEMENT PUBLISHING HOUSE

图书在版编目（CIP）数据

连续双向拍卖市场报价策略研究/白延涛著 . —北京：经济管理出版社，2022. 3
ISBN 978 - 7 - 5096 - 8325 - 5

Ⅰ. ①连…　Ⅱ. ①白…　Ⅲ. ①拍卖市场—价格—研究　Ⅳ. ①F713. 359

中国版本图书馆 CIP 数据核字（2022）第 038309 号

组稿编辑：梁植睿
责任编辑：梁植睿　李光萌
责任印制：黄章平
责任校对：张晓燕

出版发行：经济管理出版社
　　　　　（北京市海淀区北蜂窝 8 号中雅大厦 A 座 11 层　100038）
网　　　址：www. E - mp. com. cn
电　　　话：（010）51915602
印　　　刷：北京晨旭印刷厂
经　　　销：新华书店
开　　　本：720mm×1000mm/16
印　　　张：8. 5
字　　　数：116 千字
版　　　次：2022 年 3 月第 1 版　　2022 年 3 月第 1 次印刷
书　　　号：ISBN 978 - 7 - 5096 - 8325 - 5
定　　　价：58. 00 元

前　言

连续双向拍卖市场是由原始非正式聚集在一起的卖方和买方形成的，其已被普遍应用于证券、股票、网上商品交易等市场，是各交易领域中应用最为广泛的一种组织形式。由于具有特有的交易机制及自身市场属性，连续双向拍卖已成为目前拍卖市场中最受关注的研究领域。

连续双向拍卖市场中存在多个买方和卖方，双方在一个动态的、不确定的市场中经过一系列较为复杂的决策过程相互竞争，最终获得市场的最大收益。这个决策过程包括报价时机的选择、报价高低的取舍、价格优势的判断、价格接受的条件等，这些决策问题贯穿于连续双向拍卖市场参与者决策过程的始末。买卖双方在对上述问题进行决策时受到众多连续双向拍卖市场环境因素的影响主要有两个方面：买方在选择报价或接受卖方报价时，要同时兼顾其他买方和卖方的可能报价；卖方在选择报价或接受买方报价时，也要均衡考虑其他卖方和买方的可能报价。

在研究和归纳总结前人关于连续双向拍卖市场研究的基础上，本书利用仿真技术构建连续双向拍卖市场模型。基于仿真模型进行连续双向拍卖市场行为的研究，主要工作和创新点如下：

（1）利用市场力的概念，结合连续双向拍卖市场环境，给出连续双向拍卖市场中的计算模型，并利用此模型对连续双向拍卖市场进行初步定性的划分，然后利用不同的仿真策略在划分的市场环境中进行试验，通过马歇尔偏移量的不同来说明市场环境的定性划分是合理的。

（2）把交易策略区分为报价时机和报价两个步骤，构建一个简单的报价时机模型，利用这个模型对现有策略进行改造，通过仿真系统分别限制其中的一个方面，来测试报价时机和报价高低对市场效率的影响。

（3）利用仿真策略构建一个成交价格符合随机游走模型的连续双向拍卖市场环境。对此类市场环境下，买卖双方市场参与者的个体收益进行研究，提出紧盯最优价的报价策略，利用数据分析证明，紧盯最优价策略是可以获得超过连续双向拍卖"基准策略"的个体收益。

（4）针对连续双向拍卖市场决策的不确定性，根据不确定决策中的 Hurwicz 准则，设计符合连续双向拍卖市场环境的动态 Hurwicz 报价策略。通过仿真实验，验证了动态 Hurwicz 报价策略在个体盈利方面具有明显优势。

目　录

第一章　绪论

一、选题背景

随着经济的发展，经济资源的定价和分配问题日益突出。如何合理地对资源进行定价和分配成为研究的热点问题。在经济学领域，拍卖是一种有效的价格发现和资源配置方式。拍卖是以公开竞价的形式，将需要置换的特定物品、财产拥有权等交易给最高出价者的一种物品买卖方式。根据 Engelbrecht - Wiggans（1980）、McAfee 和 McMillan（1987）、赵振全等（2001）、黄淳（2002）、王惠平（2005）等早期对拍卖理论的研究，应分为两个方面，从总体上来说，拍卖的过程反映了市场经济价格均衡机制和资源配置的内在和本质。从微观层面来说，拍卖是一种具有一定适用范围及特殊规则的物品交易行为。因此，世界各国多采用拍卖的方式对经济资源进行定价和配置（汤敏和茅于轼，1993）。

根据拍卖市场结构的不同，拍卖分为单向拍卖和双向拍卖（詹文杰和杨洁，2008）。单向拍卖是指在一场交易中的参与者只能扮演一种角色，买方或者是卖方。单项拍卖在本质上是"一对多"的形式，单向拍卖中的拍卖双方地位不平等，存在一方作为主体，主体方具有资源的垄断优势的情况。双向拍卖是指在一场交易中的参与者可以扮演两种角色，既可以单独扮演一种买方或卖方参与角色，也可以同时扮演买方和卖方两种参与角色，双向拍卖市场中的参与者是以"多对多"的形式存在的，双向拍卖的参与双方是一种相对平等的关系。结合经济发展的实际情况，目前大部分的资源分配和定价是由多个买方和多个卖方来完成的，因此我们的研究重点是双向拍卖。在双向拍卖的背景下，根据交易机制的不同可以分为集合竞价（Call Market，CM）和连续双向拍卖（Continuous Double Auction，CDA）。集合竞价是一种分散式市场机制，买方和卖方在预先约定的时间之前可以随时报价，到达约定的时间后以单一的价格成交，集合竞价在现代经济市场中多用来产生开盘价格和收盘价格，其根本原理是在同一时间点以同一价格进行一组多边交易。连续双向拍卖也是一种分散式市场机制，买方和卖方可以随时提交报价，一旦价格匹配即可发生交易，可以有效地解决资源分配问题（Friedman and Rust，1991；Davis and Holt，1993）。

传统的资源分配定价理论需要一个竞争性交易市场，Blume 和 Easley（1990）的研究表明一般竞争环境下不能设计遵循理性假设均衡的交易机制，而 Reny 和 Perry（2006）研究发现连续双向拍卖市场是一个例外。同时，Smith（1962）、Cason 和 Friedman（1996）、Fudenberg 等（2007）分别从理论、实证和实验的角度论证了连续双向拍卖作为一个交易机制可以使市场快速收敛到理性竞争均衡，从而产生很高的资源分配定价效率。实际上，当今世界上一半以上的证券交易所都是基于连续双向拍卖机制的连续双向拍卖市场（Jain，2003）。如美国的纳斯达克、纽约证券交易所，英国的伦敦证券交易所，中国的深圳证券交易所、上海证券交易所等股票交易市场，以及 eBay、淘宝等网上商品交易市场（Preist and Van Tol，1998）。鉴于此，连续双向拍卖是目前最常见的一种资源配置定价机制，在资源配置定价方面具有主导地位，事实上，每天以万亿美元成交量来计算的全球股市恰恰也说明了这一点。因此本书的研究重点是连续双向拍卖形式的市场。

目前连续双向拍卖的研究文献有很多：从经济学的角度出发，以模拟策略来研究市场的整体效率或市场的微观结构。从应用的角度出发，把连续双向拍卖机制应用到各种市场环境中，并进行适应性改进。很少有人从个体的角度出发，以管理学的思想来研究连续双向拍卖市场中的个体行为，缺乏在连续双向拍卖市场中指导个体决策的策略研究。本书的主要研究问题和思路如图 1-1 所示。

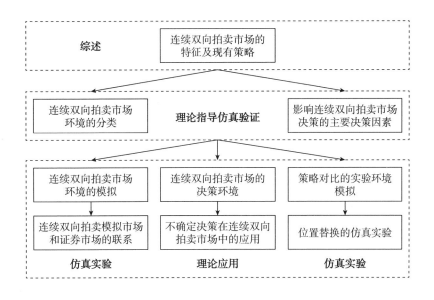

图 1-1 本书的主要研究问题和思路

如图 1-1 所示，在现有连续双向拍卖的研究基础上，本书旨在初步区分连续双向拍卖的市场环境，结合连续双向拍卖的市场特征选取合适的决策思路，设计决策方法，并用仿真实验的方式验证决策方法的效果。通过对比实验，验证决策策略对于个体盈利的能力，从而为连续双向拍卖市场中不同环境下的决策提供理论支持。

二、研究目的和研究意义

本书的研究具有重要的理论和实践意义。

（1）通过模拟连续双向拍卖市场环境，丰富连续双向拍卖的研究方法和研究思路。对目前连续双向拍卖研究中的主要交易策略进行分析，通过分别控制影响连续双向市场的因素，区分出在连续双向拍卖市场中的主要影响因素，为连续双向拍卖市场中的决策重点提供指导。将仿真模拟方法、市场力理论、位置替换理论、不确定型决策理论、个体收益理论应用于连续双向拍卖市场环境，实现学术研究的跨领域交流；结合连续双向拍卖交易机制，实验增加个体收益的理论及数据支持；丰富决策理论、连续双向拍卖理论的研究内容和应用范围。

（2）针对连续双向拍卖的市场环境，结合市场力（Market Power）理论，设计连续双向拍卖市场中的市场力计算模型，以此对市场环境进行定性的划分。通过马歇尔偏移量这一观测指标来验证定性划分的可行性。为连续双向拍卖研究的市场环境问题提供初步定性的依据，丰富连续双向拍卖研究的具体方面。

（3）构建连续双向拍卖市场仿真环境，并通过随机游走理论、弱有效市场理论和现实社会中的证券市场联系起来。在仿真市场环境下对报价策略进行模拟实验，提出一种新的交易策略：紧盯最优价的报价策略，取得较好的个体收益效果，可以用于指导在成交价格符合随机游走的证券市场中的报价策略问题。

（4）针对连续双向拍卖市场的不确定性，利用不确定的决策策略，结合连续双向拍卖市场，设计符合连续双向拍卖市场环境的报价决策策略：动态Hurwicz报价策略，并验证了动态Hurwicz报价策略在个体收益方面的盈利能力。扩展了连续双向拍卖交易策略设计的研究思路，可以为设计连续双向拍卖交易策略提供依据。

连续双向拍卖市场中报价策略的研究具有很高的难度，但目前缺乏系统的研究。本书一方面可以进一步完善复杂环境下多人双向博弈的理论，丰富不确定条件下决策问题的研究；另一方面可以指导资本市场、电子商务中智能交易策略的设计，具有十分广阔的应用前景。

三、研究内容和研究框架

本书共分为六章，在相关理论基础和研究综述的基础上，借鉴市场力理论的分类方法和决策理论的决策方法，分别按照图1-2所示框架对连续双向拍卖市场的决策问题进行研究和讨论。

如图1-2所示，本书第一章为绪论，介绍了连续双向拍卖发展现状，分析了连续双向拍卖的背景和意义，对本书整体研究框架进行了说明。

第二章对连续双向拍卖的发展历史和市场特征进行分析综述，并对连续双向拍卖市场研究中现有主要交易策略和研究现状进行综述。

第三章通过市场力的概念结合连续双向拍卖市场中的马尔可夫观测指标对连续双向拍卖市场环境进行定性的分类，并对影响连续双向拍卖市场效率的因素进行分析。

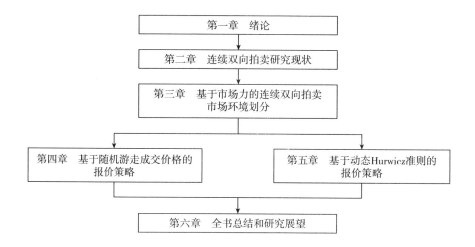

图 1-2　本书研究框架

第四章模拟一个连续双向拍卖市场环境，对模拟环境进行随机游走验证，确定模拟环境可以用来模拟证券市场，然后在模拟环境中提出一种个体决策策略，并对这种策略的盈利能力进行验证。

第五章将 Hurwicz 决策准则引入连续双向拍卖市场，结合连续双向拍卖市场环境，设计出动态 Hurwicz 的个体决策策略，以模拟仿真的方法进行实现，对动态 Hurwicz 策略的盈利能力进行验证。

第六章针对连续双向拍卖市场中的决策问题进行归纳总结，并提出研究展望。

第二章　连续双向拍卖研究现状

一、连续双向拍卖研究概述

拍卖是指以公开竞价的形式，将特定物品或者用于交易的权利转让给最高出价者的买卖方式（刘双舟，2010）。它主要有两个作用，一是价格发现的最有效方式，二是可以减少交易和代理的成本（汤敏和茅于轼，1993）。拍卖的最大特点就是严重的信息不对称，买卖双方无法确定对方的保留价格，即买卖双方均不能确定对方的真实价格和真实的意愿成交价格。通过拍卖的竞价过程可以让市场中的买卖双方参与者逐步发现和确定对手的意愿价格，使卖方可能把自己掌握的物品卖给出价最高的买方。同样，买方可能以自己最意愿的价格买到需要的物品，在具体的成交价格上，是通过买卖双方的进一步竞争来确定的，保证了市场参与者的利益最大化，也促进了市场效率的提高和资源的有效配置（刘宁元，2008）。

根据不同的分类标准可以把拍卖分为不同的类别，我们从信息是否公开的角度出发，可以把拍卖分为密封拍卖和公开拍卖。密封拍卖根据成交价格的不同又有两种表现形式：以最高的卖价或最低的卖价进行成交的封标第一价格拍卖；以第二高的卖价或第二低的卖价进行成交的封标第二价格拍卖。公开拍卖报价的顺序也有两种代表性的表现形式，从低到高进行竞价的英国式拍卖和从高到低进行竞价的荷兰式拍卖。这些分类中，封标第二价格拍卖是由维克瑞（Vickrey，1961）首次提出的，因此也称为"维克瑞拍卖"（Vickrey Auction）。这些拍卖方式的参与者都是以"一对多"状态出现的，具有资源垄断优势，这种拍卖形式多被用于古董、珠宝和土地的交易过程。

双向拍卖（Double Auction）的参与者以"多对多"的形态出现，参与者之间是供给和需求的形式，不具备资源垄断优势。因此，双向拍卖被广泛应用于经济系统的各个方面，主要有股票、外汇、债券等证券市场以及电力和能源批发市场。在此类众多的市场中多以集合竞价（Call Market）的形式进行市场的启动，在市场运行过程中以连续双向拍卖的形式进行交易。双向拍卖的市场结构如图 2 - 1 所示。

图 2 - 1　双向拍卖市场结构示意图

根据双向拍卖市场结构，所有买方参与者对物品的需求构成了双向拍卖市场中的需求曲线；所有卖方参与者对物品的供给构成了双向拍卖市场中的供给曲线，设定市场中的参与人数为买卖双方各 100 人。双向拍卖市场中的供需曲线示例如图 2 - 2 所示。

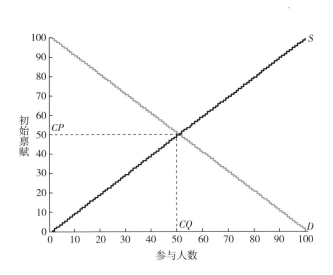

图 2 - 2 双向拍卖供需曲线示例

注：CP 为市场均衡时的价格；CQ 为市场均衡时的成交数量；S 为卖方供给曲线；D 为买方需求曲线。

连续双向拍卖市场的基本运行方式是在市场允许的交易期间，市场中的任一买方和卖方根据市场交易规则均可以报出对某一单位物品的估计价格，一旦买卖双方的报价中有可以成交的价格，立即发生交易，有一单位物品成交；如果买卖双方的报价不能匹配成功，则买卖双方重新报价，重新进行价格的匹配，直到市场中不再有交易发生，或者达到事先规定的交易截止时间，如图 2 - 3 所示。

根据图 2 - 3，连续双向拍卖市场详细交易过程为：

（1）买方和卖方进行出价，即买方和卖方对单位物品进行报价。

（2）根据连续双向拍卖市场中报价应该遵循的规则，判断买方和卖方交易者的报价是否符合市场要求，如果符合市场要求的规则，则接受买卖双方的报价，形成买方价格和卖方价格；如果不符合报价规则，则把报价返回给报价者，提示报价者重新报价。

（3）根据交易规则来匹配买方和卖方的出价信息，完成交易。

（4）根据信息发布规则，公布市场中的状态信息，包括市场中发生交易的买方和卖方的成交价格和成交数量、市场中现存的买方和卖方的出价和参加交易的数量等。

（5）根据连续双向拍卖市场中的成交结束规则来判断市场交易是否到了终止时刻，如果没有到达市场结束的时刻和结束的条件，则重新回到过程（1），开始新的交易；如果满足市场结束时刻和结束条件，则立即结束此次连续双向拍卖市场过程。流程结束，交易完成就结束，市场关闭。

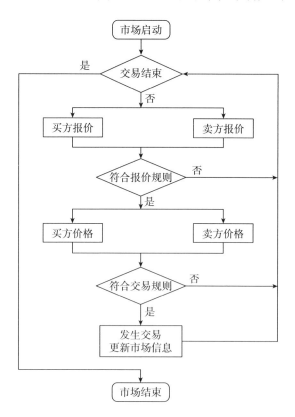

图 2 - 3　连续双向拍卖市场交易规则

二、连续双向拍卖交易行为研究

在连续双向拍卖市场中存在一种现象：即使在买卖双方人数都很少、供求信息不充分的情况下，连续双向拍卖市场也可以产生出比传统经济学理论高，并且高很多的资源配置效率和交易价格，这一现象被称为科学奥秘（Scientific Mystery）（Smith，1982），也被称为"Smith 奥秘"（Smith's Mystery）。这一现象实质上是连续双向拍卖的市场机理问题，目前为止，还没有学者从理论上对这一问题进行彻底的解决。因此，大量的学者希望通过对连续双向拍卖市场中交易行为的研究来揭示这一问题。

目前，连续双向拍卖市场交易行为的研究主要有三种研究形式：以博弈论为依据，从博弈分析的角度对连续双向拍卖市场中的交易行为进行研究，被称为"博弈分析方式"；以实验经济学为基础对连续双向拍卖市场中的交易行为进行研究，被称为"实验经济学方式"；以计算经济学为基础对连续双向拍卖市场中的交易行为进行研究，被称为"计算经济学方式"。

（一）博弈分析方式

Vickrey（1961）和 Harsanyi（1967，1968a，1968b）首先进行了不完全信息下的贝叶斯纳什均衡（Bayesian Nash Equilibrium）研究，在此基础之上，Chatterjee 和 Samuelson（1983）最早把贝叶斯纳什均衡的理论应用到连续双向拍卖的交易行为研究之中。同时，他们为了更好地研究该理论对双向拍卖市场的影响，对市场进行了简化性的设计，设计市场中只存在一个买方和一个卖方，同时设计交易的物品只能为一件商品。研究结果显示：在这种最简单的连续双向拍卖市场环境中，买卖双方参与者均采用线性贝叶斯纳什均衡策略，则买卖双方参与者均将隐藏真实报价，买卖双方参与者最终错过交易时机的概率为 1/6。

Chatterjee 和 Samuelson 给出了这种简化条件下的"一价均衡"策略和可能发生交易所在的区域，并给出采用线性策略时的贝叶斯纳什均衡点和发生交易所在的区域，他们的研究还发现线性策略均衡优于"一价均衡"策略（张维迎，1996；谢识予，2002）。然后，Myerson 和 Satterthwaite（1983）进行了更进一步的证明，即在以估价和成本为标准分布的前提下，在此种连续双向拍卖简化模型中，在静态贝叶斯博弈的情况下，线性策略均衡能够获得比其他任何贝叶斯纳什均衡更高的期望收益。

后续的研究者多依据上述思路，对连续双向拍卖进行简化分析，取得了一定的成果。Friedman（1991）把连续双向拍卖过程简化为伯川德博弈过程（Bertrand Game），在他的研究中，设定连续双向拍卖市场中所有参与者报价相互独立，忽略单个参与者的报价对其他参与者的影响，参与者只有一次报价机会，即报价不能修改，研究结果显示市场中可以存在最优交易策略，并且可以产生接近帕累托最优（Pareto Optimal）的市场效率。McAfee（1992）同样设定，连续双向拍卖市场中，买方和卖方参与者只能交易一件物品，市场中存在有 M 个买方和 M 个卖方，结算模式为封标第二价格。研究结果发现，在该简化市场中，买方和卖方参与者的优势报价策略（Dominant Trading Strategy）是报出各自真实价格，即买方的估价和卖方的成本。Satterthwaite 和 Williams（1993）则是把 Chatterjee 和 Samuelson 在一个买方参与者和一个卖方参与者市场结构情况下的结论进行推广，设定连续双向拍卖市场中存在 M 个买方参与者和 M 个卖方参与者的情形，其他设定不变，研究结果发现，随着买卖双方参与者的逐渐增加，买卖双方参与者的报价将逐步接近真实报价，市场效率也在逐渐上升。

总结和归纳以往学者的研究方式和研究特点，我们可以发现：首先，博弈分析方式是在简化连续双向拍卖市场逻辑的前提下进行的研究，根据侧重点的不同，简化的目标也不同，通过不同的简化，对连续双向拍卖市场进行数据建模，从而为理论推导的研究方式提供前提。其次，研究的手段是进行数学公式的推导，根据简化后的连续双向拍卖市场环境，进行理论的数学证明。最后，在研究理论的指导上多是以单向拍卖中的一些成熟理论为依据进行研究思路设计的。

（二）实验经济学方式

由于人类的"有限理性"有很多层次，到目前为止仍无法进行准确的数学描述，同时，现有的理论和方法也不能准确地描述连续双向拍卖市场的交易过程和交易状态，基于此产生了实验经济学研究。

实验经济学由 Smith（1982）教授开创，他创造性地提出利用实验方法研究连续双向拍卖市场环境。由此产生了实验经济学，实验经济学的产生使我们可以在实验室环境中研究人类的各种经济行为，为我们在不简化市场环境的基础上进行经济研究提供了方法和思路。

初期的实验经济学集中在个人经济决策、博弈论和市场机制模拟三个方面，目前这三个方面依然是实验经济学的主要部分，与此同时，实验经济学的研究领域也在逐步扩展，主要扩展到公共物品、投票理论、非对称信息决策等领域。其中关于个人经济决策的实验表明，人的决策行为会系统性地违反"完全理性"假设条件下的期望效用最大理论，表现出"有限理性"。代表实验有"阿莱斯悖论"（Allais Paradox）（Allais，1979）、"埃尔斯伯格悖论"（Ellsberg Paradox）（Ellsberg，1961）、Kahneman 和 Tversky（1979）的实验等。

连续双向拍卖是研究人在复杂环境中"有限理性"决策行为的有效市场机制，学者们进行了大量的实验研究，主要分为如下几类：

（1）现场实验（Field Experiment）。Malkiel 和 Fama（1970）最早总结了现场实验在这方面的研究工作，Cohen 等（1986）、Leroy（1989）、Stoll 和

Whaley（1990）等用实际证券交易的数据进行了类似的实验。在现实的连续双向拍卖市场中（如股票、期货市场），由于买卖双方无法直接获得竞争者的私有信息和交易的偏好，只有通过间接的手段来进行研究（如市场的交易价格变化、交易者对市场信息的发育等来进行研究），使现场实验的结果不够直观；另外，由于现实的连续双向拍卖市场中的交易过程无法重复，使现场实验的结果受到一定质疑。

（2）实验室实验（Laboratory Experiment）。为了克服现场实验的弱点，研究人员在实验室环境中模拟现实的连续双向拍卖市场，来研究人的决策行为以及对市场的影响。由于实验室实验具有良好的可控性和可重复性，受到广大研究者的关注。Chamberlin（1948）最早进行了这方面的实验，他的学生 Plott 和 Smith（1978）做出了类似于一个重复的双向拍卖市场的实验室实验。

（3）计算机仿真实验（Computer Simulation Experiment）。通过计算机仿真，利用程序模拟市场中人的交易行为，进行交易行为的研究，与以人为主体的实验相比，计算机仿真实验的可控性较高，结果的随意性较小，是目前研究连续双向拍卖最有前景的发展方向。此类实验中，最著名的实验是由圣塔菲研究所（Santa Fe Institute）组织的计算机交易策略比赛（Rust et al.，1994），Cardoso 等（1999）、Rajan 等（1997）、Tesauro 和 Das（2001）、Das 等（2001）都进行了这方面的仿真实验。

在大量的仿真交易策略中，最具有代表性的有 Gode 和 Sunder（1993）提出的无理性和有限理性两个层次的"零信息"交易策略（Zero - Intelligence，ZI），Kaplan 教授设计的"阻击策略"（Sniping Strategy），Cliff 和 Bruten（1997）提出的具有简单自学习能力的"ZIP"策略（Zero - Intelligence Plus，ZIP），Gjerstad 和 Dickhuat（1998）利用信息函数来计算收益，提出了通过计算最大期望收益来进行报价决策的"GD"交易策略。

在连续双向拍卖的研究中，学者们还提出了多种具有自学习能力的交易策略，如 Dawid（1996）基于遗传算法设计的一个报价策略模型，Park 等（1999）基于自适应理论设计的一个报价策略模型，称为"P - Strategy"，He 等（2003）基于模糊逻辑设计的一个报价策略模型"FL - Strategy"，Sherstov 和 Stone（2005）基于"Q - Learning"设计的报价策略模型。

另外，关于连续双向拍卖仿真实验的研究，Zhan 等（2002）拓展了"ZI"策略，提出了通用的"零信息模型"（k - ZI）；朱晓波等（2006）基于粒子群优化设计了一种交易策略学习模型；芦鹏宇和李一军（2006）利用混合策略进行动态报价策略的设计，并实现了报价策略算法；詹文杰和杨洁（2008）给出基于马尔可夫链的连续双向拍卖交易策略；Zhan 和 Friedman（2007）用计算机仿真的方法，研究了交易策略中的"标高"（Mark Up）对连续双向拍卖市场的影响。

归纳和总结学者们的研究，实验经济学研究方式主要通过外生给定的供需曲线来构建连续双向拍卖市场环境，除此之外对连续双向拍卖市场环境不进行过多的结构和规则的简化。研究范式不应用理论推导，而应以实际的实验数据的方式来进行理论的、实际的研究。

（三）计算经济学方式

计算经济学的研究方式和实验经济学的研究方式类似，但在对连续双向拍卖市场环境的构建上是不同的，计算经济学方式首先规定连续双向拍卖的市场环境中供需曲线的构成是内生产生的，不需要外生给定。这从理论上更加接近于真实的市场环境，在研究方式上与实验经济学的研究方式类似，都是以实验的方式进行研究，但是计算经济学的研究更加具体地利用了仿真的思路进行研究设计。计算经济学方式和传统的博弈分析方式也不同，在假设的前提下，计算经济学方式进行的是和实验经济学类似的有限理论的假设，不进行完全理性的假设，不进行理论的推导和证明。

计算经济学方式的核心思想是对连续双向拍卖市场进行计算机仿真设计，以代理人（Agent）的方式对连续双向拍卖市场进行构建，不同的 Agent 代表不同的决策态度和不同的风险适应能力，通过定性的市场环境分析，构建具有自适应能力的（Agent），不同的 Agent 相互作用从而构成了连续双向拍卖市场的供需关系和市场环境，从而达到构建连续双向拍卖市场整体的效果和思路，对整体的构建系统进行研究和总结（李猛，2006）。

计算经济学以复杂适应系统（Complex Adaptive System，CAS）为理论的根本依据，从复杂自适应系统出发进行连续双向拍卖市场模拟环境的构建和决策策略的指导，注重的是连续双向拍卖市场中买卖参与者之间以及参与者和环境之间的相互作用，通过动态演化研究视角来进行研究（张维等，2003）。

计算经济学方式通过利用计算机来虚拟一个仿真系统，在仿真交易系统中研究现实交易系统的规律和现象。目前，计算经济学研究方式主要用于股票市场、期货、外汇市场和电力市场等连续双向拍卖市场的研究。在股票市场上，Arthur 等（1996）使用基于代理人（Agent）的计算机模型（不是通过解析的数学模型）来研究资本证券市场，建立了首个人工股票市场 ASM（Artificial Stock Market）。Chen 和 Yeh（2001）建立了人工股票市场 AIE – ASM。刘大海等（2004）对股票价格行为进行了仿真。刘晓光和刘晓峰（2004）对股票市场的交易进行了模拟并给出了应用。高宝俊等（2005）通过对股票市场进行模拟，验证了个体行为对股票市场的影响。刘维妮和韩立岩（2007）对股票市场进行了模拟识别研究。付静等（2006）利用仿真模拟的方式，定性研究了在线双向拍卖中的不完全信息博弈问题。在外汇市场上，Arifovic（1996）、Izumi 和 Ueda（2001）通过虚拟的外汇市场来研究汇率变动问题。在电力市场上，Bower 和 Bunn（2001）、Bunn 和 Oliveira（2001）把计算经济学用于电力市场的研究中。

计算经济学方式和实验经济学方式对交易者的假设是相同的，交易的双方是相互影响的有限理性的交易个体，不对交易者进行完全理论的假设。它们之间的主要不同点在于实验经济学方式是外生设定供需曲线，计算经济学方式是所谓的内生供需曲线（詹文杰和邵原，2008），从这一点展开来说，计算经济学从理论上更接近于实际的市场，但也不尽然。

计算经济学研究方式目前还存在一定不足，主要表现为两点：第一，对连续双向拍卖市场供需关系曲线中的"内生"变化规律缺乏足够的了解，对"有限理性"的认识有局限性；第二，在代理人（Agent）算法选择和设计上存在一定的盲目性，因为目前的研究还不能详细地描述连续双向拍卖市场中"人"的学习行为的一般规律。

通过上述连续双向拍卖的三种研究方式的介绍，传统的博弈均衡分析法通过简化交易规则得到的一般结论与现实有较大差距，实验经济学和计算经济学由于缺乏对复杂环境下多人双向博弈进行全面系统分析，没有明确在这种环境下买卖双方应该利用什么市场信息和怎么利用市场信息等问题，在报价决策策略的设计方面存在一定的盲目性。本书将通过实验经济学的仿真方式，致力于连续双向拍卖市场中，多个买方和卖方的环境下个体如何进行决策的问题，以及决策策略的理论分析模式研究，不仅可以丰富复杂环境下多人双向博弈的决策理论，而且为连续双向拍卖市场中 Agent 的设计提供理论依据，最终实现用 Agent 辅助决策甚至替代人进行自动交易。

三、连续双向拍卖的主要策略

随着实验经济学的发展，连续双向拍卖的实验经济学研究逐渐成为主流。在目前的实验经济学研究中，主要以多代理系统（Multi－Agent Systems，MAS）

来比较各种交易策略的性能。结合实验经济学的三种研究形式，在多代理系统中策略的比较研究方式也有三种：第一种是代理与代理的比较研究（Agent vs. Agent），如圣塔菲研究所（Santa Fe Institute）举办的计算机交易策略模拟大赛。第二种是人与人的比较研究（Human vs. Human），如 Brandouy 等（2000）进行的实验室环境下的研究，选取 12 个志愿者参加实验。第三种是代理与人的比较研究（Agent vs. Human），也称为人机对比，如 Das 等（2001）在 Watson 实验经济学实验室进行了此类研究。

Das 等设计了一组实验来比较代理（Agent）与人（Human）之间的差别，结果发现代理的市场效率远高于 Smith（1962）进行的人类实验，而且代理的效率可以大于100%。从而得出结论为"由于代理在计算和记忆方面的优势，人们更愿意用代理来替代人来进行报价"（Das et al.，2001）。结合本研究的目的，本书采用仿真的思路对连续双向拍卖市场进行研究。根据前文介绍，我们选取 Kaplan 策略、ZI 策略、ZIP 策略和 GD 策略四种策略作为基础，对连续双向拍卖市场中的决策行为进行研究。

（一）Kaplan 策略

Kaplan 策略也称为阻击策略，它是一种反应性、无预测能力的策略。Kaplan 策略起源于圣塔菲研究所（Santa Fe Institute）举办的计算机交易策略模拟大赛，有 30 多种策略参加了这次大赛，最终 Kaplan 策略获得第一名。

Kaplan 策略的思想非常简单，即在交易阶段的初期，当其他交易策略进行积极报价时，Kaplan 策略不报价，直到市场中的买方和卖方的报价差值达到 Kaplan 策略所设定的临界值时，Kaplan 策略马上以比市场中现有报价更优的价格（对于买方来说比市场中现有买方报价高一点，对于卖方来说比市场中现有卖方报价低一点）进行报价，抢走市场现有报价的成交机会。

Kaplan 策略之所以可以取得第一名与比赛的环境有很大关系，圣塔菲研究所为了使参加比赛的所有交易策略可以方便地进行对比设计了一种交易平台。
如图 2-4 所示,在交易平台上各种策略可以随意选择对手进行比较。

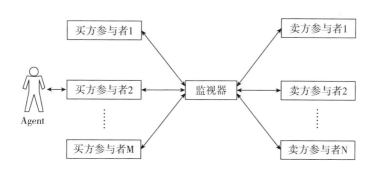

图 2-4 圣塔菲研究所策略模拟大赛交易平台示意图

由图 2-4 可以看出,圣塔菲研究所设计的双向拍卖市场非常类似于连续
双向拍卖市场,图中监视器只是起辅助作用的第三方,并不是交易者,更不能
决定市场清算价格。市场中的买卖双方参与者完全掌握交易的主动权。另外,
圣塔菲所构建的交易平台和连续双向拍卖有两个不同点:一是把交易过程分成
报价阶段和交易阶段;二是只有最高买方报价的持有者和最低卖方报价的持有
者才被允许交易。

圣塔菲交易平台的交易过程:在报价阶段,所有的买卖双方参与者都可以
报出自己的报价,并在监视器公布报价信息,只有最优买方报价(价格最高)
的买方参与者和最优卖方报价(价格最低)的卖方参与者才被允许进入买卖
阶段。在交易阶段,双方可以选择是否接受对方报价。如果双方都拒绝对方报
价,交易不成功;否则,交易成功。整个交易过程中,交替出现报价阶段和买
卖阶段。这种市场规则对 Kaplan 策略非常有利,在实验进行过程中,其他交
易策略可能会计算自己的收益,以实现自身最大的收益,这使在实验市场中出
现一个可接受价格时,其他策略还在计算是否可能出现对于他们来说更好的价

格。Kaplan 策略则不存在这个问题，当市场中出现一个它可以接受的价格时，马上报出比市场中现有价格好的一个价格，抢夺其他策略的成交机会。因此 Kaplan 策略被研究者称为"Truth – Telling"模式，比赛结果也表明这种模式会带来更多的收益。

因为 Kaplan 策略是一个被动的、反应式策略，如果市场中的买卖参与者都采用这种策略，就会出现买卖参与者都保持沉默、没有人报价的一种情况，导致买卖双方之间的差价到不了 Kaplan 策略预设的临界值，所有买卖参与者继续保持沉默，然后没有人参与报价。这将导致市场进入死循环（或称为市场静止），买卖双方都不可能有收益，市场效率为 0。这对于研究双向拍卖没有任何帮助，所以不能构建一个全部买卖参与者都是 Kaplan 策略的双向拍卖市场来进行决策行为研究。同时，在严格连续双向拍卖市场环境下，Kaplan 策略是否具有优势仍需实验验证。

（二）ZI 策略

ZI 策略（"零信息"策略）由 Gode 和 Sunder（1993）首次提出。"零信息"是指 ZI 策略仅在一定区间内随机选取报价，而不考虑任何市场信息。ZI 策略是一种没有强烈成交欲望的交易策略。根据报价的区间不同，ZI 策略又分为"约束的零信息"（Zero Intelligence with Constraint，ZI – C）和"无约束的零信息"（Zero Intelligence Unconstrained，ZI – U），分别用于模拟"有限理性"和"无理性"的交易个体。

ZI – C 策略中买卖双方参与者的报价范围被限制在不能亏本的范围，即买方参与者的报价不能高于其对所购商品的估价、卖方参与者的报价不能低于其商品的成本，买卖双方都不能获得负收益，也就是说，买卖双方参与者的报价不能突破初始禀赋的限制，这即为"有限理性"。ZI – U 策略中买卖双方参与者的报价不受任何报价限制，即使买方参与者的报价高于其对所购商品的估价或者卖方参与者的报价低于其商品的成本价也是允许的，也就是说，买卖双方参与者的报价不受初始禀赋的影响，这导致买卖双方参与者都有可能获得负收益，就是所谓的"无理性"。

为了详细描述这两种交易策略，我们对连续双向拍卖市场中的参数做如下定义：

O_{max} 表示连续双向拍卖市场中允许的最高报价；

O_{min} 表示连续双向拍卖市场中允许的最低报价；

bid_i 表示第 i 个买方参与者对欲购买的单位物品的报价；

ask_j 表示第 j 个卖方参与者对欲出售的单位物品的报价；

V_i 表示第 i 个买方对 1 单位交易物品的最高估价；

C_j 表示第 j 个卖方关于 1 单位交易物品的成本。

由以上设定，ZI – C 策略的数学描述为式（2 – 1）：

$$\begin{cases} \text{ZI – C 买方报价策略：} bid_i \sim U(O_{min},\ V_i] \\ \text{ZI – C 卖方报价策略：} ask_j \sim U[C_j,\ O_{max}) \end{cases} \qquad (2-1)$$

在 ZI – C 策略中买卖双方的报价区间是不同的，由于每个买方估价可能不同，每个卖方成本可能不同，使买方之间、卖方之间的报价区间可能不同，但都服从均匀分布。因为买方估价和卖方成本都是作为各自报价区间的边界，所以不会发生买方报价大于其估价，卖方要价小于其成本，从而保证市场中买卖双方参与者的收益不会为负数。

ZI – U 策略的数学描述为式（2 – 2）：

$$\begin{cases} \text{ZI – U 买方报价策略：} bid_i \sim U(O_{min},\ O_{max}) \\ \text{ZI – U 卖方报价策略：} ask_j \sim U(O_{min},\ O_{max}) \end{cases} \qquad (2-2)$$

在 ZI – U 策略中，买卖双方的报价区间是相同的，均是在市场允许的最高报价和最低报价之间均匀分布。因此，当买方不考虑其估价致使报价大于其估价（$bid_i > V_i$）时买方收益小于 0，当卖方不考虑其成本致使要价小于其成本（$ask_j < C_j$）时卖方收益小于 0。

根据 Gode 和 Sunder 进行的实验，我们设定市场中允许的报价范围为（0，100），即 $O_{\min} = 0$，$O_{\max} = 100$，ZI – C 策略和 ZI – U 策略在连续双向拍卖市场中的报价行为表现分别如图 2 – 5（a）和图 2 – 5（b）所示。在这里选取了一条相同的供需曲线进行 ZI – C 策略和 ZI – U 策略的报价行为示例。

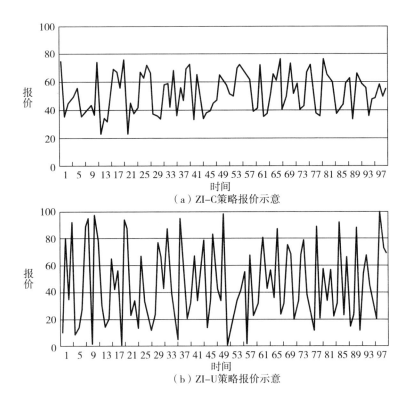

（a）ZI–C策略报价示意

（b）ZI–U策略报价示意

图 2 – 5　ZI – C 策略和 ZI – U 策略在连续双向拍卖市场中的报价行为

Gode 和 Sunder 的研究表明：①如果双向拍卖市场中所有的买卖双方都采用 ZI – U 策略，最终市场平均交易价格在竞争均衡价格附近，但是市场效率却很低；②如果双向拍卖市场中所有的买卖双方都采用 ZI – C 策略，最终市场平均交易价格在竞争均衡价格附近，并且市场效率超过 90%。ZI – C 策略带来的市场效率明显优于 ZI – U 策略带来的市场效率（Tubavo，2009）。

针对以上结论，他们的解释是双向拍卖市场中的资源配置有效性（Allocation Efficiency）和连续双向拍卖市场的结构、买卖双方参与者的交易动机、买卖双方参与者所掌握的信息以及买卖双方参与者的学习能力无关，决定连续双向拍卖市场效率的主要作用者是市场中的"无形的手"（Invisible Hand），"无形的手"所具有的能力超过人们的想象，"无形的手"使市场中的单个交易个体即使仅仅分别具有"有限理性"，也能使市场最终表现为"集体理性"。

ZI 策略虽然是一个非常简单的交易策略，但是它已经成为研究双向拍卖交易策略的基准模型而被广泛应用，如 Rust 等（1994）、Cason 和 Friedman（1996）、Cliff 和 Burten（1997）、Tesauro 和 Das（2001）、Das 等（2001）、Tubaro（2009）、Bredin 和 Parkes（2012）、Huang 等（2012）、Chiarella 等（2012）在关于连续双向拍卖的研究中，都把 ZI – C 策略作为"基准策略"。

（三）ZIP 策略

ZIP 策略（增强"零信息"策略）由 Cliff 和 Bruten（1997）提出，其核心思想是买方和卖方参与者根据市场中的报价是否可以成交，调整自己的报价。当市场中的买卖报价可以成功交易之后，连续双向拍卖市场中尚未成交的个体买方（或卖方）参与者会在原来利润率的基础上，逐步提高自身的利润率；当市场中的买卖报价不能成功交易时，连续双向拍卖市场中个体买方（或卖方）参与者在原来利润率的基础上，逐步降低自身的利润率。买卖双方 ZIP 策略调整利润率伪代码如图 2 – 6 所示。

对于买方参与者

   if（市场中的最后报价 q 被接受）

     then

      1. 所有报价高于 q 的买方提高利润率

      2. if（最后报价为卖方报价）

        then

          1. 所有报价低于 q 的买方降低利润率

    else

      1. if（最后报价为买方报价）

        then

          1. 所有报价低于 q 的买方降低利润率

对于卖方参与者

   if（市场中的最后报价 q 被接受）

     then

      1. 所有报价低于 q 的卖方提高利润率

      2. if（最后报价为买方报价）

        then

          1. 所有报价高于 q 的卖方降低利润率

    else

      1. if（最后报价为卖方报价）

        then

          1. 所有报价高于 q 的卖方降低利润率

图 2 − 6　ZIP 策略伪代码

由图 2 − 6 可以得出，ZIP 策略对于市场中出现的一个新报价，买方和卖方参与者进行的判断是不相同的，导致买方和卖方参与者对报价的调整结果也是不相同的。结合 Cliff 和 Bruten 的研究，以下详细介绍 ZIP 策略中利润率的调整算法。

在任意时刻 t，第 i 个 ZIP 策略交易者的报价 $p_i(t)$ 由式（2-3）计算得出。

$$p_i(t) = \lambda_{i,j}[1 + \mu_i(t)] \qquad (2-3)$$

其中，$p_i(t)$ 为第 i 个 ZIP 交易者在 t 时刻的报价，$\lambda_{i,j}$ 为第 i 个参与者对自身所持有的第 j 个商品的保留价格（买方估价或卖方成本），$\mu_i(t)$ 为报价者 t 时刻的利润率水平。

根据式（2-3）可以得出，$\mu_i(t)$ 会因为买方和卖方参与者的不同身份选取不同的取值范围。对于买方参与者来说，$\mu_i(t) \in (-1, 0]$，买方可以通过降低 $\mu_i(t)$ 来提高利润率水平，通过升高 $\mu_i(t)$ 来降低利润率水平；对于卖方参与者来说，$\mu_i(t) \in [0, \infty)$，卖方可以通过升高 $\mu_i(t)$ 来提高利润率水平，通过降低 $\mu_i(t)$ 来降低利润率水平。买卖双方参与者通过改变 $\mu_i(t)$，使自己的报价更具竞争力。ZIP 策略中利润率的变化调整是机器自学习的结果，Cliff 和 Bruten 采取的是 Widrow – Hoff 的"Delta 算法"。

ZIP 策略采取机器学习中最简单的 Widrow – Hoff 的"Delta 算法"，其一般的数学描述如下：

$$A(t+1) = A(t) + \Delta(t) \qquad (2-4)$$

其中，$A(t)$ 是 t 时刻的实际报价值，$A(t+1)$ 是 t 时刻下一时刻的实际报价值，$\Delta(t)$ 是相邻时刻实际值的差值，$\Delta(t)$ 的计算与历史记录（学习步长）β 和 t 时刻的预测值 $D(t)$ 有关，$\Delta(t)$ 的计算公式如下：

$$\Delta(t) = \beta[D(t) - A(t)] \qquad (2-5)$$

根据式（2-3），第 i 个参与者在 $t+1$ 时刻的利润率水平为：

$$\mu_i(t+1) = \frac{p_i(t+1)}{\lambda_{i,j}} - 1 \qquad (2-6)$$

根据 Widrow – Hoff 规则，第 i 个参与者在 $t+1$ 时刻的报价 $p_i(t+1)$ 为：

$$p_i(t+1) = p_i(t) + \Delta_i(t) \tag{2-7}$$

整理式（2-6）和式（2-7）可得出式（2-8）：

$$\mu_i(t+1) = \frac{p_i(t) + \Delta_i(t)}{\lambda_{i,j}} - 1 \tag{2-8}$$

式（2-8）中，$\Delta_i(t)$ 的计算公式如下：

$$\Delta_i(t) = \beta_i [\Gamma_i(t) - p_i(t)] \tag{2-9}$$

在式（2-9）中，$\Gamma_i(t)$ 与 $D(t)$ 类似，它在这里的含义是第 i 个参与者在 t 时刻的目标价格。根据 Widrow – Hoff 规则可知，该参与者试图使下一时刻的报价 $p_i(t+1)$ 更加接近 $\Gamma_i(t)$。

这样 ZIP 策略的利率调整问题变成如何计算目标价格 $\Gamma_i(t)$，简单的做法是把最后一次市场中的报价设置为目标价格，但是这样做会导致当市场中的最后一次报价与买方（或卖方）参与者的当前报价相近时出现无法进行机器学习的问题。当最后一次报价非常接近买方（或卖方）参与者当前的报价时，那么两个价格的差值会非常接近 0，这使买方（或卖方）参与者的下一时刻的报价与当前时刻的报价差距极小，极端情况下可能导致无法进行机器学习。ZIP 策略针对这一问题，使用关于最后报价的随机函数来确定目标价格：

$$\Gamma_i(t) = R_i(t)q(t) + A_i(t) \tag{2-10}$$

其中，$R_i(t)$ 是一个随机数，作用是反映目标价格与最后报价之间的相对关系，$A_i(t)$ 也是一个随机数，它是一个绝对值，可以看作在计算目标价格时的随机噪声，$q(t)$ 表示 t 时刻的最后报价。每个参与者有不同的 $R_i(t)$ 和 $A_i(t)$，每次更改利润率使用不同的 $R_i(t)$ 和 $A_i(t)$，从它们的数学表达式中也可以看出，不同的买方或卖方参与者，$R_i(t)$ 和 $A_i(t)$ 也是不同的，并且 $R_i(t)$ 和 $A_i(t)$ 随时间变化而变化。在 Cliff 和 Bruten 的研究中，如果参与者希望目标报价比最后报价高，那么 $R_i(t)$ 的取值范围是 [1.0，1.05]，$A_i(t)$ 的取值范围是 [0.0，

0.05]；如果参与者希望目标报价比最后报价低，那么 $R_i(t)$ 的取值范围是 [0.95, 1.0]，$A_i(t)$ 的取值范围是 [-0.05, 0.0]。

采用 Widrow - Hoff 的 "Delta 算法" 时，预测值 $D(t)$ 变化比较频繁，为抑制这种频繁变化导致的预测值总在 $D(t)$ 周围变化，在这里进行了一次平滑处理，引入一个阻尼系数 γ_i 和新变量 $T_i(t)$。每位参与者有各自的阻尼系数，每位参与者的阻尼系数不随时间变化而变化。新变量初值为0，用来代替式 (2-7) 中的 $\Delta_i(t)$，这样处理后不会直接改变利润，而是通过调整利润增长率间接改变利润，新变量计算公式如下：

$$T_i(t+1) = \gamma_i T_i(t) + (1-\gamma_i)\Delta_i(t) \tag{2-11}$$

将新变量 $T_i(t)$ 代入式 (2-8)，得到如下公式：

$$\mu_i(t+1) = \frac{p_i(t) + T_i(t)}{\lambda_{i,j}} - 1 \tag{2-12}$$

$$\mu_i(t+1) = \frac{p_i(t) + [\gamma_i T_i(t-1) + (1-\gamma_i)\Delta_i(t-1)]}{\lambda_{i,j}} - 1 \tag{2-13}$$

$$\mu_i(t+1) = \frac{p_i(t) + \gamma_i T_i(t-1) + (1-\gamma_i)[\beta_i(\Gamma_i(t-1) - p_i(t-1))]}{\lambda_{i,j}} - 1$$

$$\tag{2-14}$$

$$\mu_i(t+1) = \frac{p_i(t) + \gamma_i T_i(t-1) + \beta_i(1-\gamma_i)[R_i(t-1)q(t-1) + A_i(t-1) - p_i(t-1)]}{\lambda_{i,j}} - 1$$

$$\tag{2-15}$$

最终推导出来的 ZIP 策略计算公式极其复杂，很难直观地看出 ZIP 策略的报价规律。为更直观地说明 ZIP 策略的报价调整过程，我们通过仿真实验随机选取一个 ZIP 策略买方参与者的报价过程结果（卖方参与者报价调整过程与之类似，方向相反）进行示意，如图 2-7 所示。

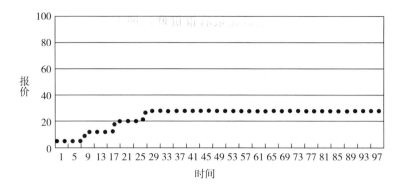

图 2 - 7　ZIP 策略买方参与者报价过程示意

从图 2 - 7 中可以看到，在 ZIP 策略报价的整个过程中，报价是有趋势性的，而且调整的次数较少，每次调整的幅度也较小。和 ZI 策略相比，ZIP 策略报价比较平稳。

（四）GD 策略

GD 策略是 Gjerstad 和 Dickhuat（1998）提出的，Gjerstad 和 Dickhuat 并没有给这个策略命名，为了研究方便，多数人以"GD"策略来命名他们提出的策略（Chen and Yu, 2012; Tseng et al., 2010）。GD 策略的基本原理是通过记录最近一定时间内的历史价格（连续双向拍卖市场中的历史报价），根据信心函数（Belief Function）的思想，并基于信心函数来计算买方和卖方参与者的个体最大期望收益，根据最大期望收益来进行最终的报出价，随着市场的进行，市场中历史信息的价格也在调整，所以每次 GD 策略的报出价格都要重新计算给出。

GD 策略和 ZIP 策略有一个相同的思想，就是尽可能地利用市场中现有和历史报价信息进行报价决策。在 GD 策略中，首先要对历史报价进行记录，这个历史报价记录是指按照报价的时间先后顺序记录买方和卖方参与者的成交报价。考虑记忆能力问题，历史记录的长度被限制到最近 L 次成交记录，这个记录在连续双向拍卖市场中是以类似固定长度"窗口"的形式滑动的。

GD 策略中还存在有效报价区间的问题，有效报价区间是指市场中买卖双方报出价格的区间，这个区间是递减的。设市场中买方的最高报出价格是 ob，最低的卖方报出价是 oa，则有效报价区间是［ob，oa］，此后在发生交易之前，市场中新的报价必须在这个区间，一旦发生交易则有效报价区间重置，新报价不受上一次价格可以成交之前的有效报价区间的影响，使每次报价都是新的突出报价（较优价格），因而有效报价区间随着交易的进行会不断递减。

GD 策略中最重要的是计算信心函数，即根据最近 L 次买方和卖方参与者的报价（标记为 HL）计算出买方或卖方参与者报价 x 是可能被接受的主观概率 $p(x)$，这里的主观概率示意频率是代替计算的。具体来说，买方参与者的信心函数计算公式为：

$$q(b) = \frac{TBL(b) + AL(b)}{TBL(b) + AL(b) + RBG(b)} \qquad (2-16)$$

式（2-16）中，$TBL(b)$ 是 HL 中买方报价小于 b 且被卖方接受从而达成交易的个数，$AL(b)$ 是 HL 中卖方报价小于 b 且被买方接受从而达成交易的个数，$RBG(b)$ 是买方报价大于 b 的个数。$q(b)$ 表示的是买方报价等于 b 时，其报价被卖方接受从而达成交易的主观概率。当 $b = 0.00$ 时，$p(0.00) = 0$；现实中，一定存在一个大于 0 的数 M，使 $p(M) = 1$。

与买方参与者类似，卖方参与者的信心函数计算公式为：

$$p(a) = \frac{TAG(a) + BG(a)}{TAG(a) + BG(a) + RAL(a)} \qquad (2-17)$$

式（2-17）中，$TAG(a)$ 是 HL 中卖方报价大于 a 且被买方接受从而达成交易的个数，$BG(a)$ 是 HL 中买方报价大于 a 的个数，$RAL(a)$ 是 HL 中卖方报价小于等于 a 且被买方接受从而达成交易的个数。$p(a)$ 表示的是卖方报价等

于 a 时，其报价被买方接受的主观概率。当 $a = 0.00$ 时，$p(0.00) = 1$；现实中，也一定存在一个大于 0 的数 M，使 $p(M) = 0$。

式（2-16）和式（2-17）的基本原理是一样的，只是参与者的角度不同。以式（2-17）为例，详细介绍卖方信心函数的原理：以 a 为报价的卖方认为报价 a 相比于历史记录中的 $TAG(a)$ 更有优势，因为如果卖方报价比 a 高，那么报价 a 会更容易被买方接受。对于 $BG(a)$，它说明买方能够接受卖方报价为 a。$RAL(a)$ 反映卖方报价设置为 a 是可能被买方拒绝的，因为历史记录中有比 a 还低的报价被买方拒绝。因此，$TAG(a)$ 和 $BG(a)$ 对于卖方准备把报价设置为 a 是积极的参考因素，而 $RAL(a)$ 对于卖方准备把报价设置为 a 是消极的参考因素，综合考虑这两方面因素才能使报价在逻辑上具有完备性。买方的原理与之类似。

在计算出买方参与者和卖方参与者各自的信心函数后，GD 策略需要计算买卖双方参与者的最优报价。对于卖方参与者来说，假设第 i 个卖方准备卖掉其第 k 件商品，该商品的成本为 $c_i^k < oa$，卖方可以在 $a < [0, oa)$ 的区间内找到一个最优报价 a^*，使期望收益 $E[\pi_{s,i}^k(a, c_i^k) \cdot p(a)]$ 最大。但是，卖方报价为 a^* 时，并不能保证其报价一定被买方接受。因此，对于第 i 个卖方，卖方参与者卖掉第 k 件商品的最大收益如式（2-18）所示：

$$S_{s,i}^k = \max\left\{ \max_{a \in (ob, oa)} E[\pi_{s,i}^k(a, c_i^k)], 0 \right\} \qquad (2-18)$$

对于买方参与者，假设第 j 个买方计划买进第 l 件商品，其对该商品的估价为 $v_j^l > ob$，买方可以在 $b < [ob, \infty)$ 的区间内找到一个最优报价 b^*，使期望收益 $E[\pi_{b,j}^l(b, v_j^l) \cdot q(b)]$ 最大。同时，买方报价为 b^* 时，并不能保证其报价一定被卖方接受。因此，对于第 j 个买方，买方参与者买进第 l 件商品的期望收益如式（2-19）所示：

$$S_{b,j}^l = \max\left\{ \max_{b \in (ob, oa)} E[\pi_{b,j}^l(b, v_j^l)], 0 \right\} \qquad (2-19)$$

计算出这些参数以后，GD 策略还有一个报价时机的问题，即买方参与者和卖方参与者在什么时间可以报价。GD 策略是根据期望收益越大的买方参与者和卖方参与者越有报价的可能来选取报价者的。可以这样理解这个选取规则：随着连续双向拍卖市场的进行，在没成交之前，GD 策略的有效报价区间是递减的，这样一些初始禀赋不好的买家参与者和卖家参与者（由于他们的初始禀赋不好结合，使他们不可能报出在有效区间的价格）会被排除在可能报价的参与者之外，这样可能（只是可能）促使初始禀赋较好的参与者先完成交易。这使市场交易者是可能按照马歇尔路径进行交易的，市场效率可能达到 100%。

四、连续双向拍卖其他策略及应用

在连续双向拍卖市场中，除了上述主要报价决策策略外，学者们还进行了其他一些报价决策策略的设计或改进，并对连续双向拍卖的应用领域进行了扩展，对连续双向拍卖市场特定情况下的表现特征进行了说明。

关于策略的设计和改进，Zhan 等（2002）在 ZI - C 策略的基础上，提出了一个通用"零信息"决策，简称为"k - ZI"策略，结合前文中 ZI 策略市场参数的设置，k - ZI 策略的数学表达式为式（2 - 20）：

买方决策策略：$bid_i \sim U(kV_i, V_i)$

卖方决策策略：$ask_j \sim U(C_j, O_{max} - k \times (O_{max} - C_j))$

$$(2 - 20)$$

其中 k 的取值范围为 $[0, 1]$ 上的任意值。当 $k = 0$ 时，该决策策略即为 ZI - C 策略；当 $k = 1$ 时，该报价决策策略又称为"真实报价"策略（Truth -

Telling Strategy），即买方报价等于其估价（$bid_i = V_i$），卖方报价等于其成本（$ask_j = C_j$）；当 k 等于其他值时，表示不同的交易策略。

关于 k 的含义我们通过下列公式解释，对于第 i 个买方参与者（卖方参与者与之类似）的报价 bid_i，如果这个报价可以成交，则买方参与者 i 的利润率为：

$$\pi_i = \frac{V_i - bid_i}{V_i} \qquad (2-21)$$

结合式（2-20），bid_i 的数学期望为：

$$E(bid_i) = \frac{kV_i + V_i}{2} \qquad (2-22)$$

式（2-21）和式（2-22）联立得：

$$E(\pi_i) = \frac{V_i - (kV_i + V_i)/2}{V_i} = \frac{1-k}{2} \qquad (2-23)$$

由式（2-23）可以得出，对于买方参与者来说，参数 k 与其期望利润率成反比。当 $k=0$ 时，期望利润率为 1；当 $k=1$ 时，期望利润率为 0。卖方参与者与买方参与者原理相同，不再详细介绍。

詹文杰和杨洁（2008）通过对连续双向拍卖市场中交易价格的马尔可夫性质的检验，依据马尔可夫链，提出了基于马尔可夫链的自学习动态交易策略，并证明了该策略明显优于 ZI-C 策略。陈胜峰和蔚承建（2009）提出了一种基于连续双向拍卖市场机制包含价格和数量的二维报价决策策略：ZIP 2 策略。通过模拟实验验证了 ZIP 2 策略可以实现较高的网络资源分配效率。赵旭和蔚承建（2010）提出利用粒子群优化算法来确定 Risk-Based 策略参数。

关于连续双向拍卖的特征和应用扩展方面，刘晓光和刘晓峰（2004）提出基于多 Agent 系统的股票模拟系统，系统采用再励学习算法模拟交易者行为特征，并且应用这一系统研究了涨跌停板交易机制对于股市的影响。刘晓庆和翟东升（2006）利用圣塔菲研究所推出的 Swarm 平台分析了复杂适应系统理论，利用 Swarm 进行建模仿真，给出了连续双向拍卖市场交易过程的仿真模型，对仿真结果和理论结果进行了比较。为研究和使用 Swarm 平台提供理论支持，巩兰杰等（2008）对此进行了验证。刘波等（2007）通过研究国内外对基于连续双向拍卖交易机制的金融市场微观结构的现状，从理论、实证和实验对相关的主要研究成果及未来的发展方向进行了评述。同时指出了研究基于连续双向拍卖交易机制的金融市场微观结构对我国证券市场发展的理论和现实意义。路卫娜等（2007）研究了基于信誉感知的网格资源交易机制，发现基于信誉感知的连续双向拍卖机制可以让机制使用者的损失明显减少。姚珣等（2009）利用双向拍卖机制进行供应链回购契约的研究，实现了供应链的协调。邹琳（2008）基于投资者情绪对于股市演化行为进行仿真研究，利用遗传算法建立了中国股市的仿真模型，结果表明仿真市场可以产生和真实市场相似的投资行为。刘娜等（2010）通过对碳排放权交易的双向拍卖研究，构建了碳排放权的双向拍卖博弈模型。李悦雷等（2012）研究了连续双向拍卖的市场流动性问题，通过不同报价单位的设置，研究连续双向拍卖市场中参与者的行为问题。

五、本章小结

连续双向拍卖市场与单向拍卖市场不同，连续双向拍卖市场具有高度的动态性和随机性，使在连续双向拍卖市场中决策行为研究上更为复杂。同时，由于连续双向拍卖是各种金融市场的主要交易机制，并且在电子商务中的应用也越来越多，因此，连续双向拍卖市场中的决策行为问题成为了研究的热点和难点问题。

本章对连续双向拍卖的特征进行了概括，总结了到目前为止连续双向拍卖市场的研究方式和研究特点，分析了各种研究方式的优点和不足。针对目前连续双向比较常用的仿真代理方式进行了总结，详细介绍了连续双向拍卖市场中最具代表性的四种仿真代理策略，即 Kaplan 策略、ZI 策略、ZIP 策略和 GD 策略。此外，对连续双向拍卖市场中的其他策略进行了简要介绍，并对连续双向拍卖市场在特殊情况下的研究和应用领域进行了综述。

第三章　基于市场力的连续双向拍卖市场环境划分

一、市场力的概述

市场力也称为市场势力和市场支配力。市场力问题是经济学研究领域的一个重要问题。经济学理论研究对市场力做出了具体严格的界定。根据学者们关于市场力研究的侧重点不同，对市场力的详细定义也不同，Stoft（2002）对市场力的定义为市场力是使成交价格偏离竞争均衡水平，使参与者从中获利的能力（Market Power is the Ability to Alter Profitably Prices Away from Competitive Levels）。平狄克和鲁宾费尔德（2009）对市场力的定义为由一个或者几个买方或者卖方掌握的能影响商品价格的一种能力，并且可以使市场成交价格偏离市场充分竞争条件下所具有的均衡价格水平。总体上来讲，对市场力作用的共同定义为市场力的作用是使市场中成交价格偏离市场均衡价格，并由此来获得收益的能力。

市场力研究的行业范围最早只存在于具有寡头的垄断型行业（如电力市

场等具有垄断参与者的市场），随着学者们对市场力研究的深入，市场力的研究逐渐扩展到制药业、房地产业、银行业、零售业和证券市场等领域。

Nicolaisen 等（2001）定义了电力市场的市场力计算模式，并对电力市场中的最优竞价机制进行了论述。杨力俊等（2005）构建了在电力市场中寡头垄断情况下价格形成机制的博弈模型，并且利用现实的例子分析了各种因素对市场力的影响，找出影响市场力的关键因素及导致市场力变化的趋势。Cason 等（2003）研究了市场力对连续双向拍卖市场中讨价还价的影响。Carlén（2003）和 Cason 等（2003）研究了市场力在碳排放市场中的作用。丁乐群和汪洋（2006）通过对古诺（Cournot）模型的利用，分析了发电商对电价的报价策略行为，在完全竞争市场的情况下，从均衡价格出发，研究了在完全信息情况下和在不完全信息情况下电力市场中的市场力对比问题。王恩创等（2011）通过 Swarm 仿真研究了双向竞价电力市场中的市场力及环境污染问题，得出了双向竞价更有利于减排激励的结论。

王相林（2004）研究了制药产业的市场力，指出制药产业存在卖方强势市场力，并从需求变化、市场结构以及纵向合谋等多个角度分析了我国制药产业市场力的成因。高洪文和杨红（2007）通过研究中国房地产行业的市场力，通过计算勒纳指数证明了在 1998 年以后的时期内中国房地产行业的垄断特征下降，但比较小幅，结论显示了中国的房地产行业存在垄断市场力特征的结论。赵玻（2005）、马龙龙和裴艳丽（2003）研究了零售商品市场的市场力问题，结论显示，零售商品市场中的市场力会给社会福利带来负面效应。徐振宇（2006）通过分析跨国零售集团的市场力迅速扩展的原因，发现零售商和制造商之间的利益冲突，以及中小企业间的联盟将对跨国零售集团市场力的扩展产生强大的制衡作用。张赞和郁义鸿（2006）也对零售商品市场的市场力进行了研究，认为政府应加强零售商品市场的管理，应以法律进行干预，保护和促进零售商品市场的竞争，实现公平交易。

通过对以往关于市场力研究的总结，发现市场力问题一直是研究的热点和重点，同时可以把市场力应用于连续双向拍卖市场，并根据连续双向拍卖市场环境，对市场力进行定义和计算，用来划分连续双向拍卖的市场环境。

二、连续双向拍卖市场中市场力的计算依据

（一）连续双向拍卖市场力的计算

角度不同，对市场力的划分也不同。从存在方式的角度来看，市场力可以划分为垂直市场力和水平市场力。结合连续双向拍卖市场，可以把垂直市场力理解为买方参与者和卖方参与者对市场价格的当期影响，把水平市场力理解为买方参与者和卖方参与者对后期市场价格的影响能力。由于连续双向拍卖市场环境的复杂性，存在买卖双方参与者之间的组间竞争，买方参与者（或卖方参与者）内部的组内竞争，连续双向拍卖市场环境中垂直市场力和水平市场力是相互交叉存在的，不能从直观的角度上区分出垂直市场力和水平市场力并进行计算。

从行使对象的角度来看，市场力又可以划分为卖方市场力和买方市场力。在连续双向市场中，买方市场力是指买方参与者对市场价格的影响能力，卖方市场力是指卖方参与者对市场价格的影响能力。为了更直观地说明连续双向拍卖市场中买方和卖方参与者对市场价格的能力，结合连续双向拍卖市场环境和供需曲线，设定连续双向拍卖市场中的买卖双方参与人数分别为100人，每次只能有1标准单位的物品成交，MPB（Market Power of Buyer）代表买方市场力；MPS（Market Power of Seller）代表卖方市场力。

定义连续双向拍卖市场中买方和卖方的市场力如图 3 – 1 所示。

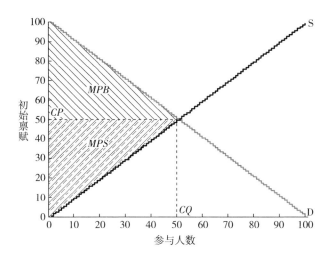

图 3 – 1　连续双向拍卖市场买方和卖方市场力示例

根据图 3 – 1 结合连续双向拍卖的市场环境参数，买卖双方市场力的计算公式分别如式（3 – 1）和式（3 – 2）所示。

$$MPB = \sum_{i=1}^{V_i \geq CP} (V_i - CP) \tag{3 – 1}$$

$$MPS = \sum_{j=1}^{C_j \leq CP} (CP - C_j) \tag{3 – 2}$$

式（3 – 1）和式（3 – 2）中，V_i 为连续双向拍卖市场中第 i 个买方参与者的初始禀赋（买方 i 对 1 单位商品的最高估计），C_j 为第 j 个卖方参与者的初始禀赋（卖方 j 所掌握的 1 单位物品的成本），CP 为连续双向拍卖市场均衡时的成交价格。

（二）连续双向拍卖市场环境的划分依据

依据买卖双方市场力的大小不同，我们定性地把连续双向拍卖市场环境划分为三类。

买卖双方市场力相等，即 $MPB = MPS$；

买方市场力大于卖方市场力，即 $MPB > MPS$；

买方市场力小于卖方市场力，即 $MPB < MPS$。

这仅仅是从定性的角度对连续双向拍卖市场环境进行划分，为了支撑我们的定性划分结论，根据市场力的作用本质——"使市场中的价格偏离市场均衡价格的能力"，引入马歇尔偏移量（Marshallian Deviation，MD）的观测指标，用以验证我们关于连续双向拍卖市场结构的定性划分结论。

马歇尔偏移量是由詹文杰（2009）提出的，用于观测连续双向拍卖市场中的成交价格是否偏离均衡价格，以及偏离多少的一项指标，这与市场力的作用是相对应的，因此可以对连续双向拍卖市场环境定性划分进行验证性观测。

在介绍马歇尔偏移量观测指标之前，我们先介绍下目前连续双向拍卖市场中的主要观测指标：市场效率（Market Efficiency）、交易比例（Trade Ratio）、平均交易价格（Average Trade Price）、成交价格离散度（Price Dispersion）。

市场效率也称为市场资源配置效率，是从经济学意义衡量市场是否有效的重要观测指标。假设连续双向拍卖市场中买方参与者 i 和卖方参与者 j 以价格 p 成交，根据前文的设定，买方参与者 i 的收益是 $V_i - p$，卖方参与者 j 的收益是 $p - C_j$。如果买卖双方没有成交，则买卖双方的收益均为 0。根据 Plott 和 Smith（1978）给出的定义，市场效率的计算公式为：

$$市场效率 = \frac{\sum 买卖双方获得的收益}{市场均衡时的总收益} \qquad (3-3)$$

交易比例是衡量市场中成交次数的一项观测指标，即市场中实际发生交易的数量与市场均衡时应该发生的成交数量的比值，计算公式为：

$$交易比例 = \frac{买卖双方实际发生的交易次数之和}{市场均衡时应发生的交易次数} \qquad (3-4)$$

平均交易价格是衡量市场实际发生的所有交易价格的平均值，即实际交易价格之和除以实际交易次数之和。为了衡量实际交易价格和均衡价格的差别，对平均交易价格进行规范化处理，如式（3－5）所示：

$$规范平均成交价格 = \frac{平均成交价格}{市场均衡价格} \qquad (3-5)$$

成交价格离散度即交易价格的标准差，如式（3－6）所示：

$$成交价格离散度 = \sqrt{\frac{\sum (成交价格 - 平均成交价格)^2}{实际发生交易次数之和}} \qquad (3-6)$$

对成交价格离散度进行规范化处理，如式（3－7）所示：

$$规范成交价格离散度 = \frac{成交价格离散度}{市场均衡价格} \qquad (3-7)$$

虽然上述四个指标可以从总体上衡量连续双向拍卖市场的一些特征，但并不能全面直观地衡量连续双向拍卖市场特征，如市场中的交易次序问题。

按照连续双向拍卖的市场结构特征，如果买方参与者和卖方参与者按照市场中的马歇尔路径进行成交，则市场效率可以达到1。马歇尔路径是指连续双向市场中最高估价的买方参与者与最低成本的卖方参与者成交，估价第二高的买方参与者和估价第二低的卖方参与者成交，以此规则进行，直到市场中所有能成交的买方参与者和卖方参与者全部成交，即所有买方参与者最高估价超过卖方参与者成本的市场成员全部发生交易，按照市场效率的定义，这样的成交过程必然导致市场效率为1。

按照詹文杰给出的马歇尔偏移量的定义：马歇尔偏移量就是衡量市场中的成交路径偏离马歇尔路径的距离。马歇尔偏移量的定义公式为：

$$马歇尔偏移量 = \sqrt{\frac{\sum (实际成交次序 - 马歇尔成交次序)^2}{\sum 实际成交次数}} \qquad (3-8)$$

在本书中，用马歇尔偏移量的不同来说明连续双向拍卖市场中是存在市场力的，并且利用买方市场力和卖方市场力的不同定性地划分市场是可行的。

三、连续双向拍卖市场结构划分的验证

（一）市场结构划分验证实验设计

根据第二章关于双向拍卖市场环境特征的描述，结合市场力的作用和马歇尔偏移量的定义，对连续双向拍卖市场环境参数做出适应性设定。

假设连续双向拍卖市场中有 100 个买方参与者和 100 个卖方参与者，参与人数对称。市场中每次只能交易 1 单位的物品。

$O_{\max} = 100$ 表示连续双向拍卖市场中允许的最高报价；$O_{\min} = 0$ 表示连续双向拍卖市场中允许的最低报价；$bid_i(t)$ 表示 t 时刻第 i 个买方参与者对 1 单位物品的报价；$ask_j(t)$ 表示 t 时刻第 j 个卖方参与者对 1 单位物品的报价；V_i 表示第 i 个买方对 1 单位交易物品的估价；C_j 表示第 j 个卖方关于 1 单位交易物品的成本；$bid\_\max(t)$ 表示 t 时刻市场中存在的买方参与者的最高报价；$ask\_\min(t)$ 表示 t 时刻市场中存在的卖方参与者的最低报价；$P_{i,j}(t)$ 表示 t 时刻成交的买方参与者 i 和卖方参与者 j 的成交价；Q 表示市场中实际成交的次数。

结合图 2-3 对本章构建的连续双向拍卖市场进行如下规则设置：

任意时刻 t，选取一个买方或卖方参与者进行报价，记为 $bid_i(t)$ 或 $ask_j(t)$，并对 $bid\_\max(t)$ 和 $ask\_\min(t)$ 进行更新。

当 $bid\_\max(t) \geqslant ask\_\min(t)$ 时，对应的买方参与者 i 和卖方参与者 j 成交，成交价格 $P_{i,j}(t) = \dfrac{bid\_\max(t) + ask\_\min(t)}{2}$，分别计算买方参与者和卖方参与者的收益，然后成交双方退出市场。

进入 $t+1$ 时刻，重复前两个交易规则。直到连续双向拍卖市场中所有的买方参与者报价 $bid_i(t)$ 均小于卖方参与者报价 $ask\_min(t)$，即 $bid_i(t) < ask_j(t)$，则实验结束。

把所有买方参与者 i（$i=1$，2，$\cdots$，100）对 1 单位物品的估价 V_i（$i=1$，2，$\cdots$，100）按照由大到小的顺序依次排列，有 $V_1 \geqslant V_2 \geqslant \cdots \geqslant V_{100}$，构成了连续双向拍卖市场中的需求曲线 D。把所有卖方参与者 j（$j=1$，2，$\cdots$，100）对 1 单位物品的估价 C_j（$j=1$，2，$\cdots$，100）按照由小到大的顺序依次排列，有 $C_1 \leqslant C_2 \leqslant \cdots \leqslant C_{100}$，构成了连续双向拍卖市场中的供给曲线 S（见图 2-2）。

假设连续双向拍卖市场中的实际成交次序如式（3-9）所示：

$$\{(V_{i1}, C_{j1}), (V_{i2}, C_{j2}), \cdots, (V_{iQ}, C_{jQ})\} \qquad (3-9)$$

根据马歇尔偏移量（MD）的定义得出买方马歇尔偏移量（MD of Buyer，MDB）和卖方马歇尔偏移量（MD of Seller，MDS）计算公式如式（3-10）和式（3-11）所示：

$$MDB = \sqrt{\dfrac{\sum\limits_{k=1}^{Q}(i_k - k)^2}{Q}} \qquad (3-10)$$

$$MDS = \sqrt{\dfrac{\sum\limits_{k=1}^{Q}(j_k - k)^2}{Q}} \qquad (3-11)$$

根据前文利用市场力划分连续双向拍卖市场的结果，结合连续双向拍卖市场的实验人数随机产生三类符合市场力划分结果的供需曲线，分别利用 ZI-C 策略、ZIP 策略和 GD 策略对每一类曲线进行 10000 次重复实验，以屏蔽随机因素。实验过程中的主要记录数据有市场效率、买方马歇尔偏移量（MDB），卖方马歇尔偏移量（MDS）。

（二）实验结果分析

根据实验设计随机产生了大量符合分类标准的供需曲线，同类供需曲线表现的实验结果基本类似，以此选取下列具有代表意义的三类曲线进行结果分析，如图 3－2 所示，其中子图（a）代表第一类供需曲线，子图（b）代表第二类供需曲线，子图（c）代表第三类供需曲线。

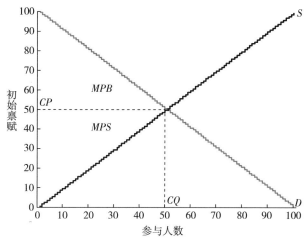

（a）买方市场力等于卖方市场力（MPB=MPS）环境

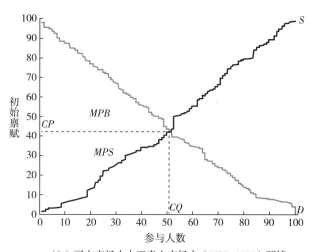

（b）买方市场力大于卖方市场力（MPB>MPS）环境

图 3－2　三类供需曲线

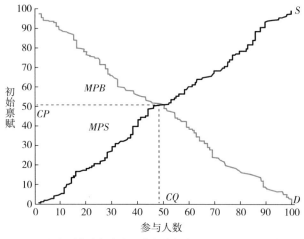

（c）买方市场力小于卖方市场力（*MPB<MPS*）环境

图 3 - 2　三类供需曲线（续）

根据实验设计，用 ZI - C 策略、ZIP 策略和 GD 策略分别对这三类供需曲线进行 10000 次的重复试验，实验结果如表 3 - 1、表 3 - 2、表 3 - 3 所示。

表 3 - 1　图 3 - 2（a）所示供需曲线的实验结果

仿真交易策略	市场效率	买方马歇尔偏移量（*MDB*）	卖方马歇尔偏移量（*MDS*）
ZI - C 策略	0.98143	21.11841	21.10818
ZIP 策略	0.99842	21.57357	21.51906
GD 策略	0.99732	21.11631	20.99482

表 3 - 2　图 3 - 2（b）所示供需曲线的实验结果

仿真交易策略	市场效率	买方马歇尔偏移量（*MDB*）	卖方马歇尔偏移量（*MDS*）
ZI - C 策略	0.97254	22.44325	24.89557
ZIP 策略	0.98833	21.16156	23.35599
GD 策略	0.99131	20.07389	24.38176

表3-3　图3-2（c）所示供需曲线的实验结果

仿真交易策略	市场效率	买方马歇尔偏移量（MDB）	卖方马歇尔偏移量（MDS）
ZI-C 策略	0.96815	23.85841	21.10818
ZIP 策略	0.97183	23.57357	21.01906
GD 策略	0.99013	21.23631	20.19482

　　表3-1、表3-2、表3-3所示买卖双方的马歇尔偏移量在三种策略下均有较大的变化，说明根据市场力划分的市场环境对交易次序的变化是有明显影响的，在连续双向拍卖市场中是存在市场力作用的。

　　表3-1中买方马歇尔偏移量和卖方马歇尔偏移量基本相同，说明在没有相对市场力优势的情况下，买卖双方参与者都未使对方按照本组的马歇尔路径成交。

　　表3-2中买方马歇尔偏移量小于卖方马歇尔偏移量，说明在买方市场力相对优势的情况下，买方参与者可以使卖方参与者按照趋向买方马歇尔路径的方向偏离。在此情况下买方相对控制连续双向市场的交易路径，即买方市场力发挥主要作用。

　　表3-3中买方马歇尔偏移量大于卖方马歇尔偏移量，说明在卖方市场力相对优势的情况下，卖方参与者可以使买方参与者按照趋向卖方马歇尔路径的方向偏离。在此情况下卖方相对控制连续双向市场的交易路径，即卖方市场力发挥主要作用。

　　综上结果说明，连续双向拍卖市场中存在市场力的影响，利用买方和卖方市场力的不同，来定性地划分连续双向拍卖市场环境是合理可行的。

四、连续双向拍卖市场效率的主要影响因素

根据 ZI－C 策略、ZIP 策略、GD 策略的报价特征，把报价策略的报价行为拆分为报价时机和报价高低两个部分。通过仿真实验来确定影响连续双向拍卖市场效率的主要因素，并不区分交易策略的优劣。

（一）连续双向拍卖仿真策略拆分依据

结合前文中的连续双向拍卖市场设定和交易规则进行仿真实验。对 ZI－C 策略、ZIP 策略、GD 策略进行比较实验，以此来区分策略中的报价高低和报价时机。

针对报价高低，首先对 ZI－C 策略和 ZIP 策略的市场效率进行比较。这是因为这两种策略都不具有报价时机，只有报价高低的不同。随机选取前文划分的三类共计 100 条供需曲线，每条供需曲线重复 10000 次，分别进行 ZI－C 策略和 ZIP 策略的第一次实验。实验结果显示：

ZI－C 策略的平均市场效率为 95.77%，ZIP 策略的平均市场效率为 95.44%。

ZI－C 策略最低的市场效率为 90.65%，最高的市场效率为 98.84%。

ZIP 策略最低的市场效率为 87.49%，最高的市场效率为 99.41%。

从数据结果来看，ZIP 策略对历史报价信息的学习好像使总体的市场效率降低了，这与我们的认知是不同的。在重新对 ZIP 策略进行研究后发现，ZIP 策略报价根据利润率而进行报价调整，为了避免大幅调整利润率引起价格丢失，从而错失成交机会，所以 ZIP 策略的利润率调整幅度较小，如果买方或卖方参与者的利润率初始值不好，将需要花费较长的时间调整到最佳利润率水

平，这可能导致在实验结束时也不能调整到最佳的利润率水平，从而不能成交。

为了更直接地对比报价高低对市场效率的影响，我们将供需曲线对应的实验重复轮次联系起来，前一轮的数据可以保留到下一轮中，使 ZIP 策略的学习能力得到充分发挥。对前面选取的 100 条供需曲线进行 ZIP 策略第二次实验，结果是 ZIP 策略的平均市场效率为 99.63%，最低市场效率为 97.86%，最高市场效率为 100%，说明报价高低直接影响市场效率。

为了验证这个结论，对具有学习能力的 GD 策略重复 ZIP 策略所进行的实验，结果显示：在各轮历史数据没有联系之前，GD 策略的平均市场效率为 96.60%，最低市场效率为 85.84%，最高市场效率为 99.72%。在历史数据联系之后，平均市场效率为 99.81%，最低市场效率为 97.82%，最高市场效率为 100%。这证明了报价高低对市场效率是有影响的。

针对报价时机，由于 ZI - C 策略和 ZIP 策略本身不强调报价时机问题，GD 策略强调报价时机的问题。为了验证报价时机的影响，结合 GD 策略关于报价时机的思想，粗略地提出一个报价时机模型：

假定市场中有 N 个交易者，在 t 时刻，第 i 个交易者的报价概率为 $p_i(t) = f_i(x_1, x_2, \cdots, x_k)$。其中第 i 个交易者的报价概率是随时间变化的，概率计算函数根据不同的参与者选取的计算公式是不同的。同时还要满足：$p_i(t) \geq 0$；如果在 t 时刻第 i 个交易者已经成交，则 $p_i(t) = 0$；t 时刻的报价概率之和等于 1，即 $\sum\limits_{i=1}^{n} p_i(t) = 1$。

依据此模型分别给出 ZI - C 策略、ZIP 策略和 GD 策略的报价时机表述。ZI - C 策略和 ZIP 策略在选择出价者时是随机选取的，等于每个交易者的报价时机在概率上是相同的，即 t 时刻每个交易者的报价概率为：

$$p_1(t) = p_2(t) = \cdots = p_n(t) = \frac{1}{n} \qquad (3 - 12)$$

GD 策略的报价概率与最大期望收益相关，这里假定第 i 个交易者的最大期望收益为 S_i，则在 t 时刻第 i 个交易者的报价概率为：

$$p_i(t) = \frac{S_i}{\sum\limits_{i=1}^{n} S_i} \qquad\qquad (3-13)$$

以上结果说明，对交易策略的拆分是可行的，利用报价时机模型把 ZI - C 策略、ZIP 策略和 GD 策略的报价时机表述统一起来，有利于仿真实验的进行。

（二）连续双向拍卖市场影响因素试验结果

根据以上设计，利用 Matlab 仿真软件对策略拆分出来的报价高低和报价时机的影响大小进行实验。实验以纯策略的方式进行，研究步骤分为以下几步：随机产生买卖双方均为 1000 个参与者的 1000 条供需曲线，每条供需曲线重复 1000 次用以消除随机因素；根据这 1000 条供需曲线，分别对 ZI - C 策略、ZIP 策略、GD 策略进行仿真实验；通过对报价时机的控制，研究不同报价时机对市场效率的影响；通过 ZI - C 策略、ZIP 策略、无报价时机的 GD 策略的市场效率对比，研究报价高低对市场效率的影响。

在用 ZI - C 策略进行仿真实验时，由于 ZI - C 策略无报价时机，并且在报价高低上没有学习能力，所以对 ZI - C 策略不区分报价高低和报价时机因素，仅进行纯 ZI - C 策略的实验。结果显示：一般情况下的市场效率会达到 90% 以上，但是在一些供需曲线下的市场效率不足 80%，这说明 ZI - C 策略受供需曲线的影响较大。

在用 GD 策略进行仿真实验时，GD 策略在 1000 条供需曲线下的平均市场效率为 99.81%，最低市场效率为 96.76%，最高市场效率为 100%，出现 100% 高市场效率的次数为 126 次。这说明采用 GD 策略时，市场效率受供需曲线的影响较小。

另外，在前文介绍 GD 策略时，提到需要计算最大期望收益，这个最大期望收益是 1 个受计算精度影响的近似值，因此希望通过调整计算精度来提高市场效率。由于计算精度越小，仿真实验进行的实验时间越久，因此我们选取 7 条 GD 策略表现较差的供需曲线，分别进行不同精度下的实验，结果如表 3 - 4 所示。

表 3 - 4 GD 策略不同精度下的结果

精度 \ 序号	1	2	3	4	5	6	7
$\Delta = 1$	0.9651	0.9682	0.9679	0.9731	0.9761	0.9717	0.9721
$\Delta = 0.1$	0.9764	0.9826	0.9822	0.9867	0.9865	0.9856	0.9853
$\Delta = 0.01$	0.9936	0.9929	0.9952	0.9959	0.9956	0.9958	0.9979

从表 3 - 4 中的实验数据可以发现，随着计算精度的提高，GD 策略的表现越来越好，市场效率不断接近 100%。据此，我们认为 GD 策略可以克服供需曲线形状对市场效率的影响。

关于 GD 策略进行无报价时机的改进，去掉 GD 策略中根据最大期望收益进行报价者选择的设定，用相同的概率选择报价者，其他过程不变。结果显示：GD 策略在 1000 条供需曲线下的仿真实验中，平均市场效率为 99.67%，最低市场效率为 96.39%，最高市场效率为 100%，出现 100% 市场效率的次数为 29 次。这比纯正的 GD 策略整体表现差一些，达到 100% 市场效率的次数明显减少，但是最低的市场效率仍然在 96% 以上。同样，对无报价时机的 GD 策略选取 7 条效率较低的供需曲线，进行最大期望收益计算精度的调整，结果如表 3 - 5 所示。

表3-5　GD策略无报价时机精度仿真结果

精度＼序号	1	2	3	4	5	6	7
$\Delta = 1$	0.9629	0.9657	0.9638	0.9650	0.9673	0.9734	0.9718
$\Delta = 0.1$	0.9763	0.9769	0.9772	0.9877	0.9837	0.9856	0.9853
$\Delta = 0.01$	0.9915	0.9919	0.9933	0.9921	0.9952	0.9967	0.9936

从表3-5中的实验数据可以发现，随着计算精度的提高，无报价时机的GD策略的表现越来越好，市场效率不断接近100%。因此，认为无报价时机的GD策略也是能够完全克服供需曲线形状对市场效率的影响的。研究结果表明，报价时机的有无对策略的影响不大。

根据GD策略的结论，对ZIP策略进行试验，首先进行纯ZIP策略的仿真实验。结果显示：ZIP策略在1000条供需曲线下的平均市场效率为99.65%，最低市场效率为78.96%，最高市场效率为100%，出现了29次。ZIP策略没有计算精度，且没有报价时机的选择，因此利用前文设计的报价时机对ZIP策略进行改造。报价时机的选择与GD策略的报价时机类似，改造后，有报价时机ZIP策略的仿真结果：在1000条供需曲线下的平均市场效率为99.59%，最低市场效率为83.56%，最高市场效率为100%，出现了42次。最低市场效率相比原ZIP策略有所提高，但不明显。

综上所述，报价时机不能克服供求曲线对市场效率的影响，报价高低是影响市场效率的主要因素。在对ZI-C策略、ZIP策略、有报价时机的ZIP策略产生较低市场效率的曲线进行深入分析后，发现这类曲线是一种类似单向拍卖的市场环境。市场中的其中一方只有一个参与者可以成交，而对手有多个可以成交，这类供需曲线对仿真结果影响较大，但是GD策略可以屏蔽这种影响。

五、本章小结

根据市场力的概念，结合连续双向拍卖市场环境，设计了连续双向拍卖市场中的市场力计算模型，定性地对连续双向拍卖市场环境进行了初步划分。在不同的市场环境中利用目前连续双向拍卖市场中的著名仿真交易策略进行交易模拟，通过马歇尔偏移量这一观测指标，发现在不同的市场环境下，连续双向拍卖市场中的买卖双方交易次序变化很大。由此说明在连续双向拍卖市场中是存在市场力的，我们据此进行的市场环境划分是合理的。

通过一个粗略的报价时机模型，对连续双向拍卖市场中的经典报价策略进行改造，用于研究报价时机和报价高低对连续双向拍卖市场效率的影响，发现在模拟连续双向拍卖市场环境中，报价高低对连续双向拍卖市场的市场效率影响较大，以后在设计报价策略时应关注报价高低。

第四章　基于随机游走成交价格的报价策略

一、随机游走理论概述

（一）随机游走的由来

随机游走（Random Walk）原本是物理学上的名词，是指微观粒子运动形式的一个模型。在经济学研究领域，学者们把随机游走理论和有效市场理论与物理学中的布朗运动联系起来，创造了随机游走的经济学理论，并以此发展成为随机数学研究方法，成为构建数理金融学的基石。随着学者们对随机游走研究的深入和随机游走应用领域的扩展，随机游走已发展成为数理金融学最重要的假设学说。

随机游走的经济学意义是指市场参与者无法根据市场中的历史信息来预测市场中未来的发展步骤和方向。针对股票市场，随机游走的意义是指买卖双方市场参与者无法根据市场中的历史价格来预测未来的市场价格，股票市场中的未来价格不可预知，这将意味着投资咨询服务、收益预测和复杂的图表模型全无用处。这无疑是对券商的一种根本否定，因此，券商们认为"随机游走"是学术界杜撰的一个粗词，是对专业预测者的一种侮辱攻击。如果将这一术语的逻辑内涵进行进一步推理，符合随机游走的市场将无利可图，在随机游走的市场中，市场参与者戴上眼罩，随意向金融版面选取一些投资组合，这样选出的投资组合就可与投资专家精心挑选出的一样出色（Kumar and Dhar，2001）。

随机游走模型的提出是与证券价格的变动模式紧密联系在一起的。Kendall和 Hill（1953）在应用时间序列分析研究股票价格波动，并试图得出股票价格波动的模式时，得到了一个令人意外的结论：股票价格没有任何规律可循，它就像"一个醉汉走步一样，几乎宛若机会之魔每周扔出一个随机数字，把它加在目前的价格上，以此决定下一周的价格"。由此可见，在随机游走模型下，证券价格的变动是不可预测的。Fama（1970）提出了有效市场假说（Efficient Markets Hypothesis，EMH），其中的弱式有效市场假说认为股票价格能完全、充分地反映股票本身历史价格所包含的全部信息，即在弱式有效市场中，市场参与者无法根据股票历史价格信息对今后价格做出预测，从而盈利。

（二）有效市场理论

有效市场假说（也称有效市场理论）（EMH）从根本上来说就是信息的利用效率理论，该理论认为，如果市场中的信息能够不受干扰地在成交价格中进行反映，说明信息的利用效率是较高的，这样的话，我们认为市场的环境是有效的市场环境。在有效的市场环境中，我们认为信息的利用效率是最高的，说明成交价格完全反映了预期收益和风险因素（张兵和李晓明，2003）。

学者们利用信息集来详细地描述有效市场理论，信息集不同对应的市场环境的有效程度也不同。根据 Roberts（1959）的研究结合连续双向拍卖的市场环境，利用图4－1来说明信息集和市场环境有效性的关系。

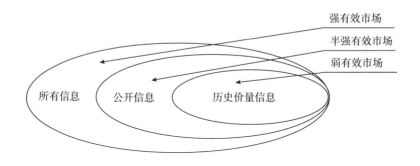

图4－1　信息集与有效市场形式

自股票市场出现以来，人们就在探索股价运行的内在规律，期望预测未来走势从而获利。从认识论的视角出发，关于股票市场运行规律的理论大体上可分为两种：第一种是市场趋势可知论，它以传统的技术分析和基础分析为典型代表；第二种是市场趋势不可知论。在弱式有效的市场环境情况下，市场参与者无法通过技术分析长期稳定地获取超额利润；在半强有效的市场环境情况下，基本分析也失去了存在价值；当市场达到强式有效的市场环境情况时，没有任何人或集团能够通过垄断信息来获取超额利润（施东晖，2001）。

有效市场理论只是描述性理论上的一个概念，市场环境的有效性是否成立，是通过大量的经验数据和历史数据进行检验和归纳总结得出的。结合市场环境有效性的三种形式，市场环境有效性的检验方式也分为三种类型：第一种是通过一定时间内的成交价格是否相关来检验成交价格的变动规律；第二种是通过利用现有市场信息来设计相应的交易策略，对交易策略的收益能力进行检验和归纳证明，最后来确定策略是否获得超额收益；第三种是限定固定的交易者，对固定的交易者进行决策、收益的研究，这些特定的观测者包括专业投资者、内幕人员等，观测固定交易者是否可以利用特定的公开或内幕消息进行超额获利。

Fama（1991）首先将市场环境的弱有效、半强有效和强有效三个层次描述为收益预测、事件研究及私人信息检验三种形式进行描述。在实践研究中，学者们采用不同的研究角度对市场环境的有效性进行验证归纳。

1. 弱有效性检验

市场环境的弱有效性检验认为，在弱有效的市场环境中成交价格序列表现为随机变动，不具有趋势性。主要有两类方法：第一类，检验成交价格变化是否遵循随机游走的数据特征和表现形式；第二类，检验策略的盈利能力是否超过了预期收益，用策略盈利能力的大小来研究历史信息的可用性和价值性。

学者们对各国市场环境是否达到了弱有效进行了验证，得出了不同的结论，这其中包括 Alexander（1961）、Fama（1965，1970）等对欧美等西方证券市场进行的大量实证研究，结果普遍支持欧美等西方证券市场呈弱式有效市场的假说。范龙振和张子刚（1998）、高鸿桢（1996）、兰秋军等（2005）、吴振祥和陈敏（2007）、易荣华和李必静（2010）对中国的证券市场环境进行了弱有效的检验，基于研究方式和方法的不同得到了不相同的结论，部分学者认为中国证券市场环境达到了弱有效，部分学者得到了相反的结论。

2. 半强有效性检验

半强有效市场的检验逻辑是检验特定事件或者重大事件发生时对成交价格的冲击，研究在这种情况下，成交价格是否会产生数值上的偏离，市场参与者是否可以利用这种冲击来进行超额的盈利。对此学者们也进行了大量的研究工作，Jensen（1969）主要研究了股票分割对成交价格的影响；Patell 和 Wolfson（1984）检验了成交价格对市场重大信息的反应速度和反应大小。目前，学术界比较一致地接受了半强有效市场的研究结论。

关于中国股票市场半强有效性研究方面，靳云汇和李学（2000）以 1996 年以来的 94 家"买壳"上市公司为样本，对"买壳"公告前后股价变化进行实证分析，发现中国股市存在较严重的信息不对称现象，市场并未达到半强有效。张庆翠（2004）检验了我国股票市场在 1999～2002 年发布中期报告情况下股票成交价格的变动情况，研究结果表明我国作为新兴的股票市场，尚未达到半强有效性。

3. 强有效性检验

强式有效的信息集包含所有公开和私下的信息，这种信息集无法详细定义。对强有效的检验是通过间接方式进行的。Jensen（1986）对强有效性进行的实证研究发现，几乎没有投资者能够持续地获得超额收益的市场表现，认为股市至少在一定程度上符合强有效性假设。

二、随机游走的检验

（一）随机游走与弱有效

学者们普遍认为成交价格序列满足随机游走则说明市场达到弱有效，但是，不满足成交价格随机游走特点的市场环境并不一定是无效的（柳思维和刘凤根，2003）。

关于我国证券价格的实证研究出现了两种截然相反的结论：市场是或不是弱式有效的。例如，范龙振和张子刚（1998）利用单位根检验（简称 DF），验证了 1995 年的深市部分股票符合随机游走模型；刘志新（2000）运用马尔可夫链对上海股市的有效性进行了检验，得出上海股市自 1994 年后符合弱式有效的结论；张小艳和张宗成（2005）利用方差比检验和多重方差比检验研究中国期货市场的交易价格，结果显示各大期货市场的对数期货价格序列不能拒绝弱式有效市场假设；戴晓凤等（2005）采用单位根方法对中国股市开市以来的数据进行了有效性检验，结果显示除上海综合指数外，其他的指数都通过了检验，呈现出弱式有效；杨美丽（2012）采用随机游走模型对深市股票价格波动进行研究，结果表明深市股票价格波动服从随机游走假设，市场弱式有效。与之相反，闫冀楠和张维（1997）提出了更符合 EMH 经济含义的检验方法，研究表明 EMH 在上海股市不成立；柳思维和刘凤根（2003）运用 R/S 模型对中国股票市场的弱式效率进行实证分析，结果表明沪市和深市的收益率序列都不遵循严格意义上的随机游走假设；兰秋军等（2005）利用时间序列事件征兆模式挖掘方法对中国股市的历史信息进行数据挖掘，研究表明我国股市还没有达到弱有效；赵贞玉等（2007）提出了弹簧振子理论，该理论将有效市场理论框架下的随机游走模型的检验由一阶深化到二阶，它能更好地解释证券价格波动状况。

实证研究产生相反结论的主要原因是对描述弱式有效与随机游走的形式不同，会导致对弱式有效与随机游走关系的理解不同，致使所采取的实证检验的方法不同，最终影响实证检验结果的精度和可信度（柳思维和刘凤根，2003）。总之，运用随机游走模型来分析证券价格的变动一直是学术界所关注的问题，且研究的关注点集中在市场是否有效。

与以往的研究不同，本书从市场中交易个体的角度进行研究，重点分析在随机游走市场中的交易者策略问题，即在价格变动不可预测的情况下，什么样的交易策略能获得更好的收益；在研究方法上，将主要采取系统仿真，即在Matlab 平台上构建一个模拟的、满足随机游走的人工连续双向拍卖市场。在此，本书以前文介绍过的 ZI－C 策略作为基础构建连续双向拍卖市场环境，之所以选取 ZI－C 策略作为基础进行双向拍卖的研究，是因为大量学者验证了ZI－C策略可以很好地反映出证券市场的各种特征。Smith 等（2003）的研究显示，ZI－C 策略模拟出来的各种市场统计学特性和基于完全理性模型预测的市场相似；Farmer 等（2005）的研究发现，ZI－C 策略可以很好地预测伦敦股票交易所的交易数据；Othman（2008）的研究表明，用 ZI－C 策略模拟出来的成交价格可以替代现实证券市场中的价格。因此，本书用 ZI－C 策略来模拟连续双向拍卖市场中的交易者行为。

（二）随机游走的检验方法

随机游走检验的根本思想是单位根检验。如果序列模型具有单位根，说明序列符合随机游走模型；如果没有单位根，则说明序列不符合随机游走模型。具体的检验方式有游程检验，Dickey 和 Fuller（1981）建立的 DF 检验，Schimidt 和 Phillips 提出的 LM 检验，Im、Pesaran 和 Shin 提出的 IPS 检验，以及改进的 DF 检验 ADF 等（恩德斯等，2012）。结合本书市场环境，选取游程检验和 DF 检验两种方法进行随机游走的检验。

假设以 P_t 表示 t 时刻的交易价格，P_{t-1} 表示 $t-1$ 时刻的交易价格，则随机游走模型如式（4－1）所示：

$$P_t = P_{t-1} + \varepsilon_t \qquad\qquad (4-1)$$

式（4－1）中，ε_t 为独立同分布，且 $E(\varepsilon_t) = 0$，$D(\varepsilon_t) = E(\varepsilon_t^2) = \sigma^2 < \infty$。

根据随机游走模型，下面分别介绍游程检验和 DF 检验的方法。

1. 游程检验

游程检验是数理统计检验中的一种非参数检验法。游程检验最大、最重要的优点就是可以克服序列相关检验中经常受到的极端值的影响。游程检验主要通过统计和观察股票成交价格变化的正负方向，来确定成交价格序列观察值是否呈现非随机性趋势的情况。股票成交价格连续的单向变化（上升或下降）称为一个游程，游程存在三种情况，即上升游程、下降游程和零游程。如果成交价格的某一个变化后紧随着同样方向的变化，说明游程长度在增长，从理论上说导致实际游程的绝对数目将会小于成交价格随机变化时预期的总游程数（米尔斯和俞卓菁，2002）。

为了方便数学描述，结合游程检验的思想，我们假设 N 为 $\{P_t\}$ 成交价格序列的样本总数，n_1、n_2、n_3 表示成交价格的不同方向变化的变化数，其中 n_1 为股票成交价格正向变化的数值，n_2 为股票成交价格负向变化的数值，n_3 为股票成交价格无变化的数值，M 为实际的总体游程数。那么 $\{P_t\}$ 序列的预期游程数 $E(m)$、方差（σ^2）及标准化正态变量（K）分别为：

$$E(m) = \left[N(N+1) - \sum_{i=1}^{3} n_i^2 \right] / N \tag{4-2}$$

$$\sigma^2 = \frac{\sum_{i=1}^{3} n_1^2 \left[\sum_{i=1}^{3} n_i^2 + N(N+1) \right] - 2N \sum_{i=1}^{3} n_i^3 - N^3}{N^2(N-1)} \tag{4-3}$$

$$K = \frac{(M \pm 0.5) - E(m)}{\sigma} \tag{4-4}$$

式（4-4）中，0.5 为调节系数，当 $M > E(m)$ 时，取"+"；当 $M < E(m)$ 时，取"-"。

通过上述公式我们可以发现，在 N 足够大时，K 表示均值为 0、方差为 1 的正态分布序列。在 1% 的显著性水平背景下，通过计算和查表可知，K 的临界值为 2.33，也就是说，如果 K 的实际数值在（-2.33，2.33）的范围内，则说明成交价格变动呈现随机性；如果 K 的实际数值不在此范围内，我们认为成交价格序列的变动具有某种趋势，不具有随机游走性。

2. DF 检验法

DF 检验法是 Dickey 和 Fuller（1981）在一系列文章中建立起来的，主要思想是验证成交价格序列具有单位根，其他的成交价格围绕单位根变动。通常的最小二乘法不能合理地解释和检验这个结果，因此 Dickey 和 Fuller 用模拟计算的方法对检验的极限值做了计算。结合随机游走模型，我们假设有一阶自回归过程：

$$P_t = \rho P_{t-1} + \varepsilon_t \tag{4-5}$$

式（4-5）中，ε_t 为独立同分布，且 $E(\varepsilon_t) = 0$，$D(\varepsilon_t) = E(\varepsilon_t^2) = \sigma^2 < \infty$。

对参数 ρ 进行检验。如果 $|\rho| < 1$，该自回归过程为稳定过程。现在我们所关心的是检验原假设 H_0：$\rho = 1$ 和备选假设 H_1：$\rho < 1$。当原假设 H_0 成立时，$\{P_t\}$ 服从一个随机游走过程；当备选假设 H_1 成立时，$\{P_t\}$ 服从稳定一阶自回归过程。

参数 ρ 的最小二乘估计为：

$$\hat{\rho}_T = \frac{\sum_{t=1}^{T} P_{t-1} P_t}{\sum_{t=1}^{T} P_{t-1}^2} \tag{4-6}$$

统计量 $T(\hat{\rho}_T - 1)$ 有极限：

$$T(\hat{\rho}_T - 1) \Rightarrow \frac{W^2(1) - 1}{2\int_0^1 W^2(r)\,dr} \tag{4-7}$$

以 $\hat{\eta}_T$ 表示统计量 $\hat{\rho}_T$ 的标准差的估计值：

$$\hat{\eta}_T = \frac{\frac{1}{T-1}\sum_{t=1}^{T}(P_t - \hat{\rho}_T P_{t-1})^2}{\sum_{t=1}^{T} P_{t-1}^2} \tag{4-8}$$

由 $\hat{\eta}_T$ 和 $\hat{\rho}_T$ 构造检验原假设的 t_T 统计量：

$$t_T = \frac{\hat{\rho}_T - 1}{\hat{\eta}_T} \tag{4-9}$$

t_T 统计量有极限：

$$t_T \Rightarrow \frac{W^2(1) - 1}{2\left\{\int_0^1 W^2(r)\,dr\right\}^{1/2}} \tag{4-10}$$

原假设 H_0：$\rho = 1$ 可由统计量 $T(\hat{\rho}_T - 1)$ 和 t_T 来检验，它们的临界值可查

表得到（恩德斯等，2012）。

三、紧盯最优价策略的设计

目前，关于连续竞价策略的设计主要依据历史报价数据和成交数据。但是，在随机游走模型下，成交价格的变动是不可预测的，因此不能为报价决策提供任何有用信息。在此情况下，如何进行报价以期获得较高的收益显得尤为重要。鉴于此，本书提出了"盯准最优价格"策略（EOB策略），其主要思想是买卖双方在报价时分别盯准市场中现存的最优价格 B_best（t）和 A_best（t），并结合自己的禀赋进行调整。

具体描述如下：

假设在连续双向拍卖市场中的 t 时刻，买方的最高报价是 B_best（t），卖方的最低报价是 A_best（t）。

在 $t+1$ 时刻，买卖双方的报价根据 t 时刻的最优价格 B_best（t）和 A_best（t），以 t 时刻买卖双方是否成交来确定双方各自报价走向。

如果 t 时刻，市场中的买卖双方报价可以成交，说明买卖双方有利可图，$t+1$ 时刻的报价者可以继续按照 t 时刻的最优价进行报价，同时为了增加收益，买方在 B_best（t）的基础上降低一个极小值，卖方在 A_best（t）的基础上增加一个极小值。

如果 t 时刻，市场中的买卖双方报价不能成交，说明买卖双方无利可图，$t+1$ 时刻的报价者应当调整价格以促成交易，同时为了保证收益，买方在 B_best（t）的基础上增加一个极小值，卖方在 A_best（t）的基础上降低一个极小值。买卖双方报价调整过程如图 4-2 所示。

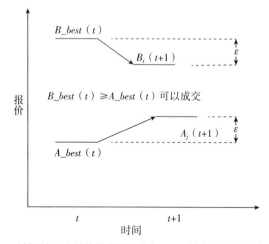

（a）t 时刻买卖双方最优报价可以成交，EOB策略报价调整原理示意图

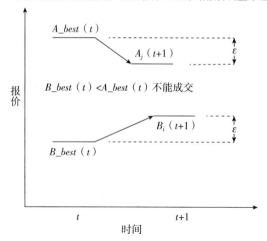

（b）t 时刻买卖双方最优报价不能成交，EOB策略报价调整原理示意图

图 4 - 2　买卖双方报价调整过程

EOB 策略的数学表达分为买方报价策略和卖方报价策略。

买方报价策略：

$$B_i(t+1) = \begin{cases} \min\{B\_best(t) - \varepsilon, \; V_i\}; & (\text{if } B\_best(t) \geq A\_best(t)) \\ \min\{B\_best(t) + \varepsilon, \; V_i\}; & (\text{if } B\_best(t) < A\_best(t)) \end{cases} \quad (4-11)$$

卖方报价策略：

$$A_j(t+1) = \begin{cases} \max\{A\_best(t) + \varepsilon, \; C_j\}; & (\text{if } B\_best(t) \geq A\_best(t)) \\ \max\{A\_best(t) - \varepsilon, \; C_j\}; & (\text{if } B\_best(t) < A\_best(t)) \end{cases} \quad (4-12)$$

式（4-11）和式（4-12）中"±"的选取规则如下：若买卖双方在 t 时刻成交，则在 $t+1$ 时刻，买方可以适当降低报价来获得更高的收益，因此取"-"号；与之相反，卖方可以适当提高报价来获得更高的收益，因此取"+"号。若买卖双方在 t 时刻未成交，则在 $t+1$ 时刻，买方应该适当提高报价以促成交易，因此取"+"号；与之相反，卖方则应该适当降低报价以促成交易，因此取"-"号。

四、EOB 策略的仿真实验

（一）实验设计

与前文构建的市场环境参数类似，同时对本章所构建的连续双向拍卖市场环境特征增加设定。

B_best（t）为 t 时刻买方的最优报价（即买方最高报价）；

A_best（t）为 t 时刻卖方的最优报价（即卖方最低报价）。

初始值：$B\_best(t) = B_i(t) = O_{\min}(1 \leq i \leq 100)$；

$$A\_best(t) = A_j(t) = O_{\max}(1 \leq j \leq 100)。$$

$TP_{ij}(t)$ 为第 i 个买方和第 j 个卖方在 t 时刻的成交价格；

$Profit\_B_i$ 为第 i 个买方的收益；

$Profit\_A_j$ 为第 j 个卖方的收益。

本章连续双向拍卖市场的具体运行流程分为三个步骤。

步骤一：在任意 t 时刻，随机选取一个买方或卖方进行报价。若选取的报价者为买方，则更新 $B_i(t)$（$1 \leq i \leq M$）序列中的对应报价，并从高到低排序，$B\_best(t)$ 相应更新为 $B_i(t)$ 中的最大值；若选取的报价者为卖方，则更新 $A_j(t)$（$1 \leq j \leq M$）序列中的对应报价，并从低到高排序，$A\_best(t)$ 相应更新为 $A_j(t)$ 中的最小值。

步骤二：如果此时 $B\_best(t) \geq A\_best(t)$，则交易立即发生。假设交易双方为买方 i 和卖方 j，成交价格为双方报价的中间值 $\left(\text{即 } TP_{ij}(t) = \dfrac{B_i(t) + A_j(t)}{2} \right)$。买方的收益为 $Profit\_B_i = B_i(t) - TP_{ij}(t)$，卖方的收益为 $Profit\_A_j = TP_{ij}(t) - A_j(t)$，成交的双方退出市场。如果此时 $B\_best(t) < A\_best(t)$，则进入 $t+1$ 时刻，重复步骤一。

步骤三：重复步骤一和步骤二，直到市场中所有剩余的买方估价均小于剩余的卖方成本，实验结束。

在任意的供需曲线下对该策略的成交价格序列进行随机游走检验，结果显示成交价格序列几乎都通过了检验①。图 4 – 3 是 ZI – C 策略的成交价格序列示例，其中 CP 指市场均衡价格。

对该序列进行"随机游走"检验，结果如表 4 – 1 所示。可以看出在 1% 的置信水平下，ZI – C 策略的成交价格序列通过了游程检验和 DF 检验。这说明在连续竞价市场中，ZI – C 策略的成交价格符合"随机游走"模型。

---

① 在极个别的、特殊的供需曲线下，由于成交次数极低，ZI – C 策略所形成的成交价格序列随机游走检验不显著，本书不研究这类特殊的供需曲线。图 4 – 3 的详细数据参见附表 4 – 2 至附表 4 – 4。

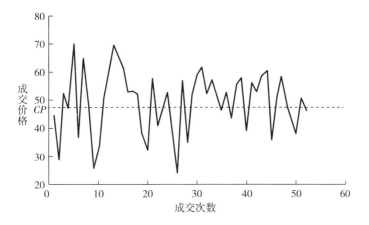

图 4-3　ZI-C 策略的成交价格序列示例

表 4-1　ZI-C 策略成交价格序列示例的检验结果

检验方法 序列	游程检验			DF 检验		
	游程期望 $E(m)$	方差 σ^2	K 临界值 (1%) 2.33	$\hat{\rho}_T$	$T(\hat{\rho}_T-1)$ 临界值 (1%) -13.7	t_T 临界值 (1%) -2.58
ZI-C 成交价	28.7593	38.2139	1.3331**	0.9346	-3.5291**	-1.3483**

注：** 表示在1%的置信水平下显著。

为屏蔽连续竞价市场中禀赋对收益的影响（即高估价的买方通常比低估价的买方获得更多收益，低成本的卖方通常比高成本的卖方获得更多收益），我们采用 Tesauro 和 Das（2001）提出的位置替换法（One-in-Many）来比较不同策略下的收益。该实验方法的思想是在连续竞价市场中，每次选取一个买方或一个卖方作为测试位置（即所谓的"One"），其余位置上的报价策略固定不变（即所谓的"Many"），用新的策略来替换测试位置上的原有策略，比较新旧两种策略在同一测试位置上的收益差别。

由于连续竞价市场的动态性和随机性，每种策略在一次实验中的收益波动很大，为了屏蔽随机因素给实验结果带来的不确定性，本书采取在固定供需曲线下的重复实验，以下所提及的每种策略的收益均指 10000 次重复实验下的平均收益。

为了进一步说明不同策略对收益的影响，我们把买方和卖方的均衡收益作为一个参照基准。均衡收益是指市场达到竞争均衡时，买卖双方在均衡价格下所获得的收益。

第 i 个买方的均衡收益：$CE\_B_i = V_i - CP$ （4－13）

第 j 个卖方的均衡收益：$CE\_A_j = CP - C_j$ （4－14）

具体实验过程如下：我们假设市场中的所有策略均为 ZI－C 策略，分别统计 ZI－C 策略在 V_i（$i=1，2，\cdots，100$）及 C_j（$j=1，2，\cdots，100$）位置时的平均收益；然后用 EOB 策略逐个替换 V_i（$i=1，2，\cdots，100$）及 C_j（$j=1，2，\cdots，100$），即替换时除测试位置的策略为 EOB 策略外，其他策略均为 ZI－C 策略；最后，比较每个位置上的两种策略的平均收益差别，并与相同位置的均衡收益进行对比。

结合市场力的影响因素，我们选取前文类似的三类供需曲线，实验结果取得了类似效果，为了更显著地展现 EOB 策略的收益增加情况，尽可能地屏蔽随机因素的影响，本章选取三类供需曲线进行仿真实验（见图 4－4）。

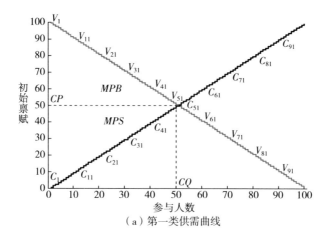

（a）第一类供需曲线

图 4－4　三类供需曲线的仿真实验

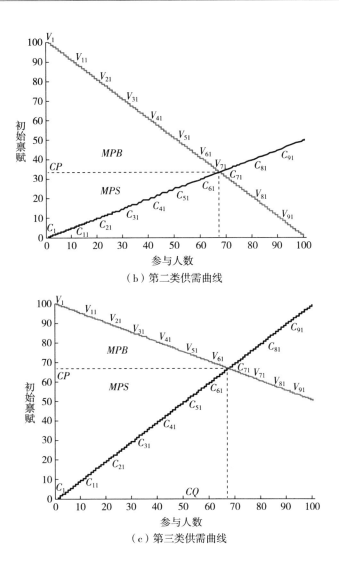

（b）第二类供需曲线

（c）第三类供需曲线

图 4 - 4　三类供需曲线的仿真实验（续）

表 4 - 2 为图 4 - 4 所示的三类供需曲线在纯 ZI - C 策略下的成交价格序列"随机游走"检验结果，它们都通过了检验。

表 4 – 2　三类供需曲线在纯 **ZI – C** 策略成交价格序列随机游走的检验结果

检验方法 序列	游程检验			DF 检验		
	游程期望 $E(m)$	方差 σ^2	K 临界值 (1%) 2.33	$\hat{\rho}_T$	$T(\hat{\rho}_T - 1)$ 临界值 (1%) −13.7	t_T 临界值 (1%) −2.58
第一类曲线 ZI – C 成交价	28.3396	37.3037	1.3361**	0.9346	−3.5291**	−1.3483**
第二类曲线 ZI – C 成交价	37.2394	51.0070	1.0166**	0.9398	−3.1889**	−1.3907**
第三类曲线 ZI – C 成交价	37.3803	50.7272	1.2804**	0.9066	−6.6283**	−1.8439**

注：**表示在 1% 的置信水平下显著。

（二）结果分析

根据图 4 – 4 的三类供需曲线，分别对不同位置上的两种策略平均收益进行比较。具体结果如图 4 – 5、图 4 – 6、图 4 – 7 所示。

在第一类供需曲线下，买卖双方市场力相等（$MPB = MPS$），每种策略在每个位置上的平均收益如图 4 – 5 所示。可以看出：①买方和卖方在每种策略下的平均收益基本对称；②在供需曲线左侧，EOB 策略的买方（卖方）平均收益均显著优于 ZI – C 策略，且显著优于其均衡收益；③在供需曲线右侧，每种策略的平均收益差异总体上不大。

在第二类供需曲线下，买方市场力大于卖方市场力（$MPB > MPS$），每种策略在每个位置上的平均收益如图 4 – 6 所示。可以看出：①买方和卖方在每种策略下的平均收益显著不对称，买方平均收益远大于卖方；②对于买方平均收益，EOB 策略虽然总体上显著优于 ZI – C 策略，但是略低于其均衡收益；③对于卖方平均收益，EOB 策略总体上显著优于 ZI – C 策略，其两种策略均优于其均衡收益。

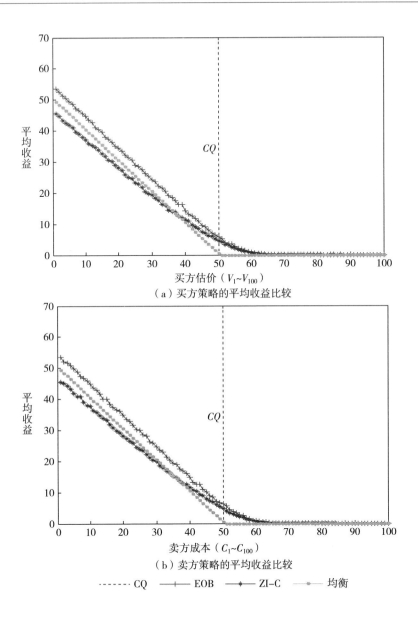

（a）买方策略的平均收益比较

（b）卖方策略的平均收益比较

------- CQ —+— EOB —*— ZI-C —●— 均衡

图 4 – 5 第一类供需曲线下 ZI – C 策略、EOB 策略以及均衡收益的对比结果

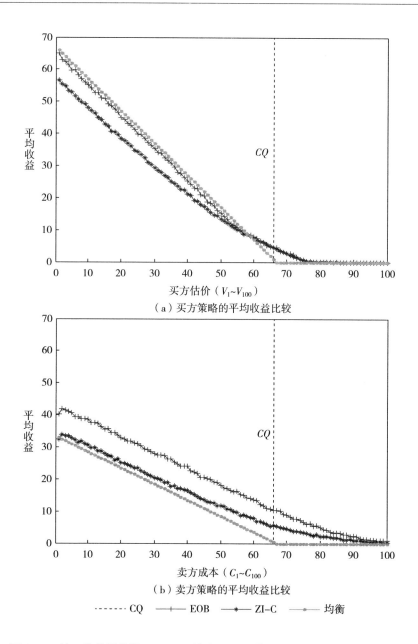

（a）买方策略的平均收益比较

（b）卖方策略的平均收益比较

······ CQ　—┼— EOB　—✳— ZI-C　——●—— 均衡

图 4-6　第二类供需曲线下 ZI-C 策略、EOB 策略以及均衡收益的对比结果

在第三类供需曲线下，买方市场力小于卖方市场力（*MPB* < *MPS*），每种
策略在每个位置上的平均收益如图4－7所示。可以看出：①买方和卖方在每

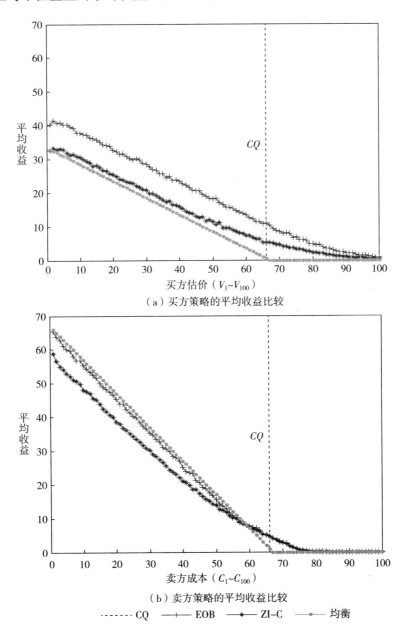

（a）买方策略的平均收益比较

（b）卖方策略的平均收益比较

‑‑‑‑‑ CQ　＋ EOB　✳ ZI‑C　● 均衡

图4－7　第三类供需曲线下 ZI－C 策略、EOB 策略以及均衡收益的对比结果

种策略下的平均收益显著不对称，买方平均收益远小于卖方；②对于买方平均收益，EOB 策略总体上显著优于 ZI - C 策略，其两种策略均优于其均衡收益；③对于卖方平均收益，EOB 策略虽然总体上显著优于 ZI - C 策略，但是略低于其均衡收益。

表 4 - 3 给出了 EOB 策略和 ZI - C 策略在每类供需曲线下买卖双方平均收益的均值和标准差。EOB 策略获得的平均收益比 ZI - C 策略高 15% ~ 23%，其标准差也较 ZI - C 策略大。

表 4 - 3　三类供需曲线下买卖双方平均收益比较

曲线 策略	第一类供需曲线		第二类供需曲线		第三类供需曲线	
	买方 平均收益	卖方 平均收益	买方 平均收益	卖方 平均收益	买方 平均收益	卖方 平均收益
EOB	14.82 (17.46)	14.95 (17.55)	21.75 (21.149)	18.94 (13.06)	18.98 (12.99)	21.61 (21.20)
ZI - C	13.31 (14.54)	12.26 (14.67)	18.59 (18.14)	13.48 (10.80)	13.31 (10.76)	18.77 (18.38)

我们对 EOB 策略进行两个方面的鲁棒性检验：①在每类供需曲线下随机产生多条曲线；②进行了不同人数下的实验，如 120 人、150 人和 200 人等。实验结果与上述结论一致。以下是部分其他实验的结果。

图 4 - 8 表示 100 个买方和 100 个卖方第二类随机供需曲线及结果。

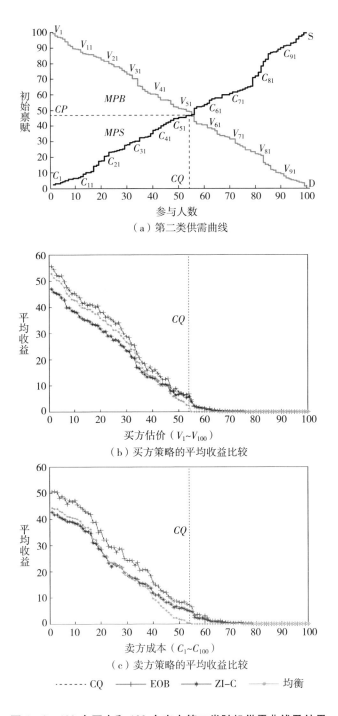

（a）第二类供需曲线

（b）买方策略的平均收益比较

（c）卖方策略的平均收益比较

┄┄ CQ ──┼── EOB ──✱── ZI-C ──●── 均衡

图4-8　100个买方和100个卖方第二类随机供需曲线及结果

图 4 −9 表示 100 个买方和 100 个卖方第三类随机供需曲线及结果。

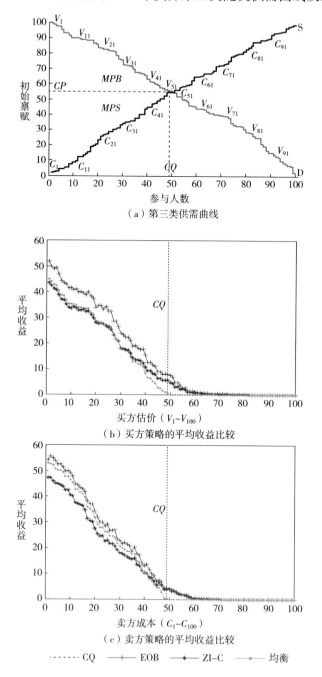

（a）第三类供需曲线

（b）买方策略的平均收益比较

（c）卖方策略的平均收益比较

-------- CQ —+— EOB —*— ZI-C —•— 均衡

图 4 −9　100 个买方和 100 个卖方第三类随机供需曲线及结果

图4-10表示200个买方和200个卖方第二类随机供需曲线及结果。

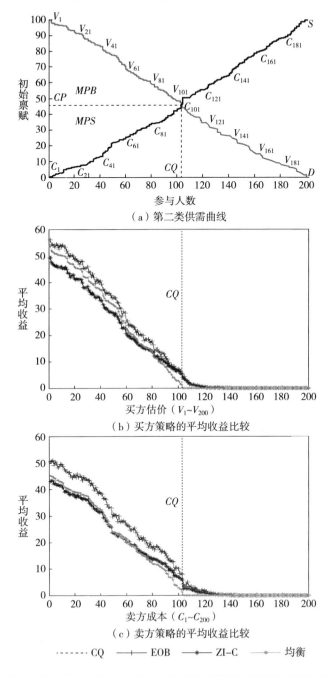

（a）第二类供需曲线

（b）买方策略的平均收益比较

（c）卖方策略的平均收益比较

------ CQ　—+— EOB　—*— ZI-C　—•— 均衡

图4-10　200个买方和200个卖方第二类随机供需曲线及结果

图4-11表示200个买方和200个卖方第三类随机供需曲线及结果。

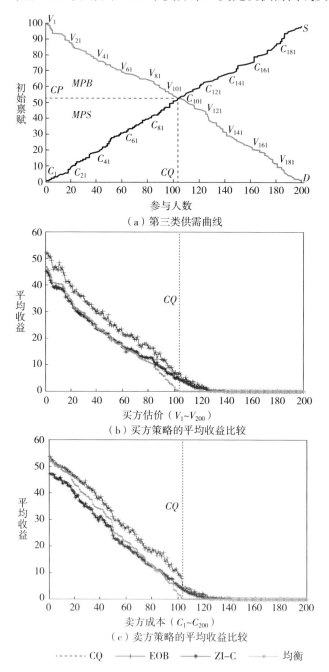

（a）第三类供需曲线

（b）买方策略的平均收益比较

（c）卖方策略的平均收益比较

图4-11　200个买方和200个卖方第三类随机供需曲线及结果

综上所述，实验结果总结如下：

无论买卖双方的市场力如何，EOB 策略总体上可获得比 ZI – C 策略高 15% ~ 23% 的平均收益。

市场力对 EOB 策略的收益有影响。在第一类供需曲线下，买卖双方的平均收益基本对称；而在第二类、第三类供需曲线下，EOB 策略处于市场力较弱的一方时，可以获得高于均衡收益的超额利润。

五、本章小结

本章构建了一个基于 ZI – C 策略的连续竞价模拟市场，该市场中的成交价格序列通过了随机游走检验，表明价格变动具有不可预测性。针对这样的市场，设计了"盯准最优报价"的交易策略（即 EOB 策略），并通过位置替换重复仿真实验，比较分析了三类供需曲线下两种策略的平均收益差异。研究结果表明：①EOB 策略总体上可获得比 ZI – C 策略高 15% ~ 23% 的平均收益；②当 EOB 策略处于市场力劣势方时，还可以获得高于均衡收益的超额利润。

总之，在满足随机游走的连续竞价市场中，虽然成交价格的变动不可预测，但是如果充分利用市场中的最优买方和卖方报价信息，可以提高个体收益；同时选取交易策略时还应该考虑市场环境的影响（如市场力）。研究成果为金融市场中的报价决策提供理论依据，为今后设计各种智能交易策略提供新的思路。

第五章　基于动态 Hurwicz 准则的报价策略

一、不确定型决策

"不确定性"一词最早出现于 1836 年詹姆斯·穆勒的《政治经济学是否有用》一文中。学者们目前所定义的不确定性，主要包括随机性、模糊性、不完全性、不稳定性和不一致性等方面，进入 21 世纪，不确定性问题受到越来越多的关注（李德毅等，2004）。

决策就是决定的意思，是人们在日常生活中普遍存在的一种行为。决策的基本含义是为了达到某一既定目标，从一些可以相互代替的方案中选出最优方案。诺贝尔奖获得者西蒙用"管理就是决策"来形容决策的重要性。决策不能仅凭个人的知识、智慧和经验来进行，决策要有一套科学的决策原则、程序和相应的机构、方法（邱菀华，2004）。

根据决策者对市场信息的获得程度，决策类型可以分为确定型决策、不确定型决策两种，其中不确定型决策又可以分为严格不确定型决策和风险型决策。不确定型决策中决策者获得的信息量非常有限，所以这类决策问题的量化和计算都比较困难，恰恰这一类型的决策是现实环境中经常出现的决策类型，因此受到了学者们的广泛关注。

不确定型决策的特点：在决策过程中，环境信息存在两种以上的可能状态；决策者无法估计每种可能状态出现的概率，应用决策理论中广泛采用决策模型基本结构，为了便于表述，不确定型决策的数学表示为：

$$L_{ij} = f(A_i, S_j) \tag{5-1}$$

其中，$i = 1, 2, \cdots, M$（$M \geqslant 2$），$j = 1, 2, \cdots, N$（$N \geqslant 2$）。

式（5-1）中，L_{ij}、A_i、S_j 分别表示决策变量、随机自然状态和决策方案的价值（于雪泳和吴超，2011）。

不确定型决策的关键在于，根据决策者对风险的态度确定决策准则，通过决策准则，将不确定型问题转化为确定型决策问题。根据决策者对风险的态度，目前学者们经常用到的严格不确定型决策准则主要有以下四种：悲观准则、乐观系数准则、拉普拉斯准则、最小后悔值准则。

为了能够清楚地介绍这四种准则，我们对以下参数进行解释性说明：

A_i（$i = 1, 2, \cdots, M$）代表决策者可以采取的备选行动，M 为可选的行动数量；

S_j（$j = 1, 2, \cdots, N$）代表决策者所面临的自然状态，N 为所有状态的数量；

l_{ji} 代表决策者采取行动 A_i 状态 S_j 时所引起的损失；

u_{ij} 代表决策者采取行动 A_i 状态 S_j 时所带来的效用；

v_{ij} 代表决策者采取行动 A_i 状态 S_j 时所产生的价值。

1. 悲观准则

悲观准则由 Wald 于 1950 年提出，悲观准则的思路是采取行动 A_i（$i = 1$,

$2,\cdots,M$）时可能出现的最坏结果（最大损失 S_i），决策者应该选择行动 A_k，使最大化损失 S_i 尽可能小，即选择 A_k 使式（5-2）成立。

$$S_k = \min_{i=1}^{M}\{S_i\} = \min_{i=1}^{M}\max_{j=1}^{N}\{l_{ji}\} \tag{5-2}$$

当决策表中是效用值 u_{ij} 或者价值函数 v_{ij} 时，悲观准则使行动的最小效用（价值）最大化，即极大化极小效用。

$$S'_k = \max_{i=1}^{M}\{S'_i\} = \max_{i=1}^{M}\min_{j=1}^{N}\{u_{ij}\} \tag{5-3}$$

采用该原则的极端保守决策者即悲观主义，认为老天总跟自己作对，总是假设自己会遇到损失最大的情况。

2. 乐观准则

与悲观准则相反，可以形成一种乐观主义的决策准则。乐观准则的思路是只考虑行动 A_i（$i=1,2,\cdots,M$）引起的各种可能后果中最好的后果（损失最小），定义行动 A_i 的乐观主义水平 o_i 为：

$$o_i = \min_{j=1}^{N}\{l_{ji}\} \tag{5-4}$$

o_i 是采取行动 A_i 时可能导致的最佳后果，因此乐观主义的准则是使损失极小化极小。

$$o_k = \min_{i=1}^{M}\{o_i\} = \min_{i=1}^{M}\min_{j=1}^{N}\{l_{ji}\} \tag{5-5}$$

由式（5-5）可以看出，乐观准则也就是使损失极小化极小准则，这种准则的实质就是在损失矩阵中找出损失最小的元素 l_{hk}，决策者的决策按照 l_{hk} 对应的行动 A_k 进行决策。当决策表中是效用值 u_{ij} 或者价值函数 v_{ij} 时，乐观准则就是使各行动的最大效用（价值）最大化。因此，乐观准则也称为使效用值极大化极大准则，此时式（5-5）转化为：

$$o'_k = \max_{i=1}^{M}\{o'_i\} = \max_{i=1}^{M}\max_{j=1}^{N}\{u_{ij}\} \tag{5-6}$$

Hurwicz（1951）提出，在现实生活中很少有人进行完全悲观或者完全乐观的决策，绝大部分决策都是在悲观和乐观之间进行的，很难做出准确的界定，因此 Hurwicz 给出了一种折中方案：决策者根据悲观准则和乐观准则的加权平均值来排列行动的优劣次序，用 λ 来表示这个权重，λ 被称为乐观系数，所以 Hurwicz 给出的决策准则称为乐观系数准则或 Hurwicz 准则。λ 由决策者根据面临的问题个人给定（岳超源，2003）。

Hurwicz 准则通过乐观系数 λ（λ ∈ ［0，1］）把严格不确定的乐观准则和悲观准则统一起来：当 λ = 0 时，表示决策者采取悲观准则；当 λ = 1 时，表示决策者采取乐观准则；当 λ 取其他值时，表示决策者的态度介于悲观和乐观之间。

$$(1-\lambda)S_k+\lambda o_k=\min_{i=1}^{M}\{(1-\lambda)S_i+\lambda o_i\}=\min_{i=1}^{M}\{(1-\lambda)\max_{j=1}^{N}l_{ji}+\lambda\min_{j=1}^{N}l_{ji}\} \quad (5-7)$$

当决策表中是效用值 u_{ij} 或者价值函数 v_{ij} 时，式（5-7）转化为：

$$(1-\lambda)S'_k+\lambda o'_k=\max_{i=1}^{M}\{(1-\lambda)S'_i+\lambda o'_i\}=\max_{i=1}^{M}\{(1-\lambda)\min_{j=1}^{N}u_{ji}+\lambda\max_{j=1}^{N}u_{ji}\}$$

$$(5-8)$$

3. 拉普拉斯准则

Laplace 在"无充分理由原则"中指出：对于所有的自然状态一无所知"等价于"所有的自然状态具有相同的概率。拉普拉斯准则也被称为等概率准则。决策者可以选择一种决策行动使损失的平均值极小化。

$$\sum_{j=1}^{N}\frac{1}{N}\cdot l_{jk}=\min_{i=1}^{M}\left\{\sum_{j=1}^{N}\frac{1}{N}\cdot l_{ji}\right\} \quad (5-9)$$

4. 最小后悔值准则

Savage 认为真实的自然状态是决策者无法控制的，在用损失矩阵 $(l_{ji})_{N\times M}$ 来做决策时，把采用一种行动 A_i 在随机状态 S_j 下的结果与在此状态下其他行动的结果相比较。因此 Savage 定义了一个后悔值 r_{ji}，计算公式为：

$$r_{ji}=l_{ji}-\min_{i=1}^{M}\{l_{ji}\} \quad (5-10)$$

后悔值的意义是在随机状态 S_j 下，采取行动 A_i 引起的损失和采取其他行动引起的最小损失之差。

Savage 认为应该用后悔值 r_{ji} 组成的后悔值表来取代损失矩阵，然后用悲观准则求解，提出用 p_i 作为各种行动的优劣衡量指标。

$$p_i = \min_{i=1}^{M}\{r_{ji}\} \qquad\qquad (5-11)$$

p_i 是采取行动 A_i 引起的最大后悔值，然后再选择使 p_i 最小的行动。

$$p_i = \min_{i=1}^{M}\{p_i\} = \min_{i=1}^{M}\{\max_{j=1}^{N}\{r_{ji}\}\} \qquad\qquad (5-12)$$

二、动态 Hurwicz 报价策略设计

结合连续双向拍卖的市场环境，本书认为，在连续双向拍卖市场中的决策类型是严格不确定型决策，这是由于连续双向拍卖市场中报价决策受到其他买卖参与者的影响很大，而且市场中的报价走势不明朗。结合有限理性的人类假设，可以预见在连续双向拍卖市场进行交易的过程中，随着市场中成交数量的增加，市场买卖参与者的决策心态是不确定的，会随着交易数量的增加而变化，因此我们不能用一种固定的悲观来进行报价决策。

结合前文严格不确定型决策策略的介绍，本书认为可以选用 Hurwicz 提出的决策准则进行报价策略的设计，这与刚刚论述的连续双向拍卖决策环境是相适应的。乐观系数 λ 在设定上是不完全相同的，由于在连续双向拍卖市场中不同时间点上的买卖参与者的决策态度也是不同的，而且没有人可以给出乐观系数 λ 在连续双向拍卖市场中的确定数值，因此本书提出了动态 λ 值的设置过程。

根据 Hurwicz 准则，结合前面的论述，本书提出了连续双向拍卖市场中的

动态 Hurwicz 策略。

对于买方来说，成交价格越低越好，因此历史成交价格中的最低价为其乐观准则，反之最高价为其悲观准则；对于卖方来说刚好相反，成交价格越高越好，因此历史成交价格中的最高价为其乐观准则，最低价为其悲观准则。

在交易的初始阶段，由于市场中存在大量的买方和卖方，交易者不担心成交问题，我们假设买卖双方的初始乐观系数 $\lambda = 1$。随着市场中成交次数的不断增加，买卖双方越来越担心成交问题，其乐观系数将逐渐降低；当交易者找不到交易对象时，其乐观系数 $\lambda = 0$。

结合市场环境，对市场中的一些变量进行如下设定：

第 i 个买方在 t 时刻的报价为 $B_i(t)$；

第 j 个卖方在 t 时刻的报价为 $A_j(t)$；

在 t 时刻，市场中的成交价格序列为 $P(t) = \{p(1), p(2), \cdots, p(t)\}$。

结合上述策略思想和有限理性假设，动态 Hurwicz 策略的数学表达式分为买方报价策略和卖方报价策略。

买方报价策略：

$$B_i(t+1) = \min\{\lambda(t) \times \min[P(t)] + (1 - \lambda(t)) \times \max[P(t)], V_i\}$$

$$(5-13)$$

卖方报价策略：

$$A_j(t+1) = \max\{\lambda(t) \times \max[P(t)] + (1 - \lambda(t)) \times \min[P(t)], C_j\}$$

$$(5-14)$$

下面，我们讨论乐观系数 $\lambda(t)$ 的动态调整问题。

$q(t)$ 为截止到 t 时刻市场中的总成交次数；

$E(q)$ 为买卖双方对市场最大成交次数的估计值。

$q(t)$ 的初始值为 0，最大值等于 $E(q)$。当 $q(t) = 0$ 时，$\lambda = 1$，交易者采取

乐观准则；当 $q(t) = E(q)$ 时，$\lambda = 0$，交易者采取悲观准则。

把交易者乐观系数 $\lambda(t)$ 的动态调整过程分成三种类型：

乐观系数 $\lambda(t)$ 的调整为"先慢后快"（即 $\lambda - $凹）；

乐观系数 $\lambda(t)$ 的调整为"匀速减少"（即 $\lambda - $线性）；

乐观系数 $\lambda(t)$ 的调整为"先快后慢"（即 $\lambda - $凸）。

这三种类型的 $\lambda(t)$ 动态调整过程用如下函数描述：

$\lambda - $凹：

$$\lambda(t) = 1 - q(t)^2 / E(q)^2 \tag{5-15}$$

$\lambda - $线性：

$$\lambda(t) = 1 - q(t) / E(q) \tag{5-16}$$

$\lambda - $凸：

$$\lambda(t) = \left[1 - q(t) / E(q) \right]^2 \tag{5-17}$$

这三种类型的 $\lambda(t)$ 动态调整过程如图 5 - 1 所示。

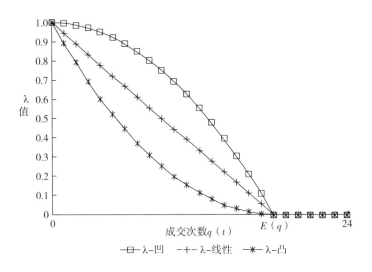

图 5 - 1 λ (t) 动态调整示意图

三、报价策略的比较实验设计

根据连续双向拍卖市场的构成和交易规则，对实验环境进行设定。

连续双向拍卖市场中有 M 个买方和 M 个卖方。为了方便研究，我们进一步假设每个买方只能购买一件商品，其对商品的估价为 V_i（$i = 1$，2，$\cdots$，M）；每个卖方也只能卖出一件商品，其生产成本为 C_j（$j = 1$，2，$\cdots$，M）；且商品是同质的。

O_{max} 为买方估价的上限；

O_{min} 为卖方成本的下限。

把买方估价按照从大到小依次排序，可以得到市场的需求曲线，即 $V_1 \geqslant V_2 \geqslant \cdots \geqslant V_M$；与之相反，把卖方成本按照从小到大依次排序，可以得到市场的供给曲线，即 $C_1 \leqslant C_2 \leqslant \cdots \leqslant C_M$。根据一般均衡分析，可以获得市场的竞争均衡，令 CP 为市场的均衡价格，CQ 为市场的均衡数量。

$B_i(t)$ 为第 $i(1 \leqslant i \leqslant M)$ 个买方在 t 时刻的报价；

$B\_queue(t)$ 为截止到 t 时刻的所有买方报价序列；

$A_j(t)$ 为第 $j(1 \leqslant j \leqslant M)$ 个卖方在 t 时刻的报价；

$A\_queue(t)$ 为截止到 t 时刻的所有卖方报价序列；

$q(t)$ 为截止到 t 时刻市场中的总成交次数，初始值为 0；

$P(t) = \{p(1)$，$p(2)$，$\cdots$，$p(t)\}$ 为截止到 t 时刻的成交价格序列，该序列的初始长度为 0。容易看出，随着 $q(t)$ 的增加，$P(t)$ 序列中的元素也在不断增加。

依据以上假设连续双向拍卖的运行流程有三个步骤。

步骤一：在任意 t 时刻，随机选取一个买方或卖方进行报价。若选取第 i 个买方报价，则更新 $B\_queue(t)$ 中相应位置的报价 $B_i(t)$，并对 $B\_queue(t)$ 从高到低排序；若选取第 j 个卖方报价，则更新 $A\_queue(t)$ 中相应位置的报价 $A_j(t)$，并对 $A\_queue(t)$ 从低到高排序。

步骤二：如果在 t 时刻满足 $\max(B\_queue(t)) \geqslant \min(A\_queue(t))$，表明有买方报价不低于卖方报价，交易立即发生。假设交易的双方分别为买方 i 和卖方 j，则 $\max(B\_queue(t)) = B_i(t)$，$\min(A\_queue(t)) = A_j(t)$，成交价格为双方报价的中值，即 $p(t) = [B_i(t) + A_j(t)]/2$，并将该成交价格写入 $P(t)$ 序列；此时，买方获得收益为 $[V_i - p(t)]$，卖方获得收益为 $[p(t) - C_j]$；发生交易的双方从市场退出，即两者分别从 $B\_queue(t)$ 和 $A\_queue(t)$ 将其删除。

步骤三：如果在 t 时刻没有交易发生，则进入 $t+1$ 时刻，重复步骤一。

当市场中剩余的所有买方估价都小于卖方成本时，将不再有交易发生，交易结束。

仿真实验分别选取了 24 个买方和卖方（$M = 24$），买方估价和卖方成本在 $(0, 100)$ 区间均匀分布，即 $O_{\min} = 0$，$O_{\max} = 100$。Smith 等（2003）、Farmer 等（2005）及 Othman（2008）的研究表明，"约束型零信息" 策略（ZI with Constraint，ZI – C）可以很好地模拟现实的股票市场，因此本章仍然选取 ZI – C 策略为基准策略，仍然运用 Das 等（2001）提出的 "位置替换法"（One – in – Many）来屏蔽禀赋（估价或成本）对收益的影响。此外，连续双向拍卖市场的动态性和随机性导致相同策略在一次实验中的收益波动较大，我们选取了每种策略在 5000 次重复实验下的平均收益作为比较对象。最后，为了便于仿真，我们设定 $E(q) = CQ$。

结合前文根据市场力对连续双向拍卖环境的划分，依据买卖双方市场力的相对大小，把市场环境划分为三类：

买卖双方市场力相等，即 $MPB = MPS$；

买方市场力大于卖方市场力，即 $MPB > MPS$；

买方市场力小于卖方市场力，即 $MPB < MPS$。

本章在此也选取三类市场环境进行仿真实验，在三类市场环境中进行大量的仿真实验，分别取得各自类型市场环境中的类似结果，在此我们选取三类供需曲线环境进行详细的实验分析。

图 5 – 2 显示的是本章进行分析的三类供需曲线。

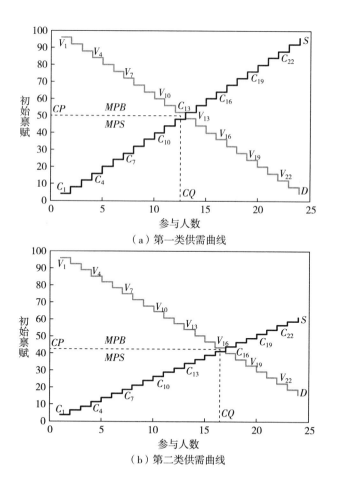

（a）第一类供需曲线

（b）第二类供需曲线

图 5 – 2　三类供需曲线

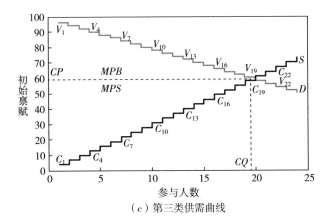

（c）第三类供需曲线

图 5 - 2　三类供需曲线（续）

四、结果分析

在第一类供需曲线下，实验结果如图 5 - 3 所示①。

除 λ - 凸策略外，买卖双方在其余两种动态 Hurwicz 策略的平均收益均显著高于 ZI - C 策略，其中 λ - 凹策略下的收益最大。

买方和卖方在每种策略下的收益基本对称，即相同策略、相同位置下的买卖双方的平均收益基本相同。

买卖双方的平均收益都随着禀赋（估价或成本）呈指数递减。

---

① 图 5 - 3、图 5 - 4、图 5 - 5 的数据结果分别见附表 5 - 1、附表 5 - 2、附表 5 - 3。

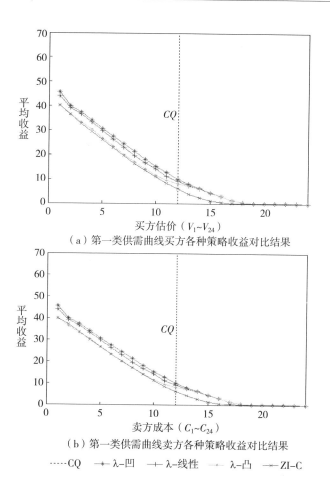

（a）第一类供需曲线买方各种策略收益对比结果

（b）第一类供需曲线卖方各种策略收益对比结果

‑‑‑‑‑CQ　　—✳—λ‑凹　　—┼—λ‑线性　　—✳—λ‑凸　　—✳—ZI‑C

图 5 – 3　第一类供需曲线的实验结果

在第二类供需曲线下，实验结果如图 5 – 4 所示。

买方除 λ‑凸策略外，其余两种动态 Hurwicz 策略下的平均收益均显著高于 ZI‑C 策略，而卖方在三种动态 Hurwicz 策略下的平均收益均显著高于 ZI‑C 策略。

买卖双方均在 λ‑凹策略下获得最大收益，但是相对于买方而言，卖方的 λ‑凹与 λ‑线性策略的收益差距缩小。

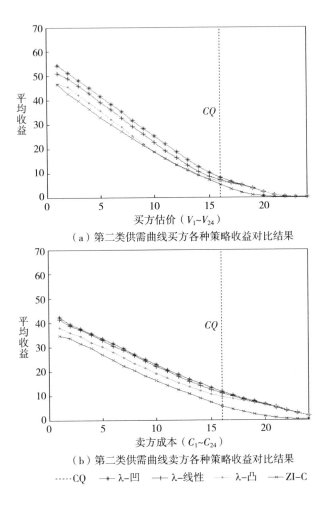

（a）第二类供需曲线买方各种策略收益对比结果

（b）第二类供需曲线卖方各种策略收益对比结果

------CQ　　—+—λ-凹　　—+—λ-线性　　—*—λ-凸　　—*—ZI-C

图5－4　第二类供需曲线的实验结果

　　买卖双方在每种策略下的收益不对称，即相同策略、相同位置的买方收益明显高于卖方。

　　在第三类供需曲线下，实验结果如图5－5所示。

　　买方在三种动态 Hurwicz 策略下的平均收益均显著高于 ZI－C 策略，而卖方除 λ－凸策略外，其余两种动态 Hurwicz 策略下的平均收益均显著高于 ZI－C 策略。

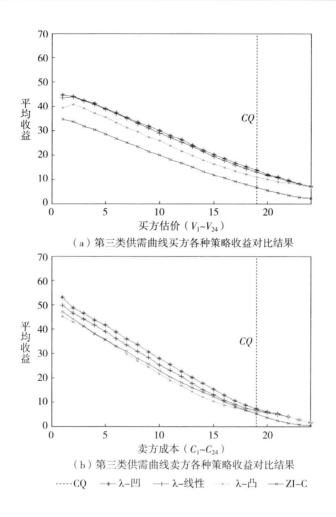

（a）第三类供需曲线买方各种策略收益对比结果

（b）第三类供需曲线卖方各种策略收益对比结果

⋯⋯CQ　　＊—λ–凹　　＋—λ–线性　　λ–凸　　＊—ZI–C

图 5 – 5　第三类供需曲线的实验结果

　　买卖双方均在 λ – 凹策略下获得最大收益，但是相对于卖方而言，买方的 λ – 凹与 λ – 线性策略的收益差距缩小。

　　买卖双方在每种策略下的收益不对称，即相同策略、相同位置的买方收益明显低于卖方。

　　我们随机选取了其他的供需曲线，在每种类型的供需曲线下都得到与上述一致的结论。另外，我们也进行了其他数学形式下的 λ 仿真实验，分别在凹、线性和凸的情况下也得到相同结论。

我们对动态 Hurwicz 策略进行两个方面的鲁棒性检验：①在每类供需曲线下随机产生多条曲线；②我们还进行了不同人数下的实验，如 50 人、80 人和 100 人等。实验结果与上述结论一致。以下是部分其他实验的结果。

图 5-6 代表 24 个买方和 24 个卖方第二类随机供需曲线及结果。

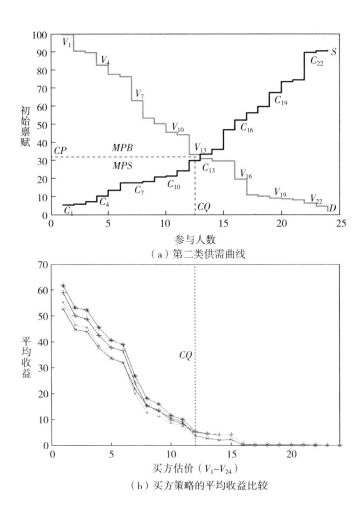

（a）第二类供需曲线

（b）买方策略的平均收益比较

图 5-6 24 个买方和 24 个卖方第二类随机供需曲线及结果

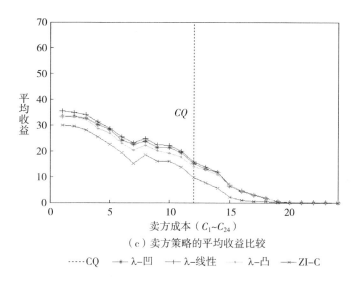

（c）卖方策略的平均收益比较

‥‥‥CQ　　━✱━λ-凹　　━┿━λ-线性　　‥✦‥λ-凸　　━╳━ZI-C

图 5 - 6　24 个买方和 24 个卖方第二类随机供需曲线及结果　（续）

图 5 - 7 代表 24 个买方和 24 个卖方第三类随机供需曲线及结果。

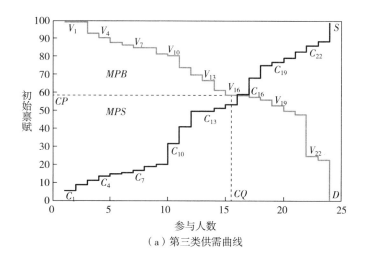

（a）第三类供需曲线

图 5 - 7　24 个买方和 24 个卖方第三类随机供需曲线及结果

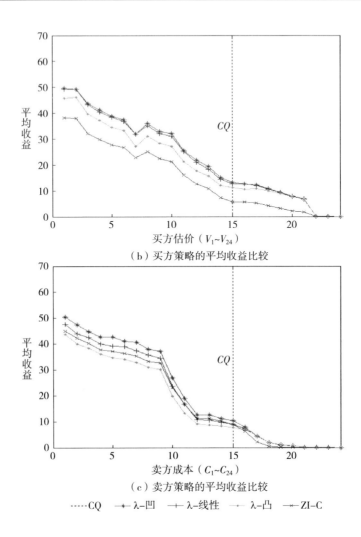

（b）买方策略的平均收益比较

（c）卖方策略的平均收益比较

······CQ　　✱ λ-凹　　+ λ-线性　　⋆ λ-凸　　✳ ZI-C

图 5-7　24 个买方和 24 个卖方第三类随机供需曲线及结果（续）

图 5-8 代表 100 个买方和 100 个卖方第二类随机供需曲线及结果。

图 5-9 代表 100 个买方和 100 个卖方第三类随机供需曲线及结果。

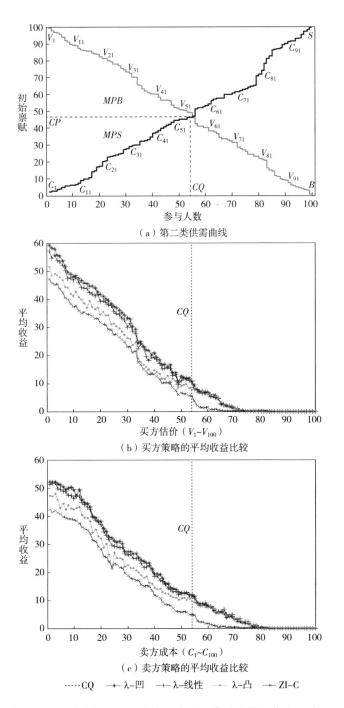

（a）第二类供需曲线

（b）买方策略的平均收益比较

（c）卖方策略的平均收益比较

‑‑‑‑‑ CQ　　＊ λ‑凹　　＋ λ‑线性　　＊ λ‑凸　　＊ ZI‑C

图 5-8　100 个买方和 100 个卖方第二类随机供需曲线及结果

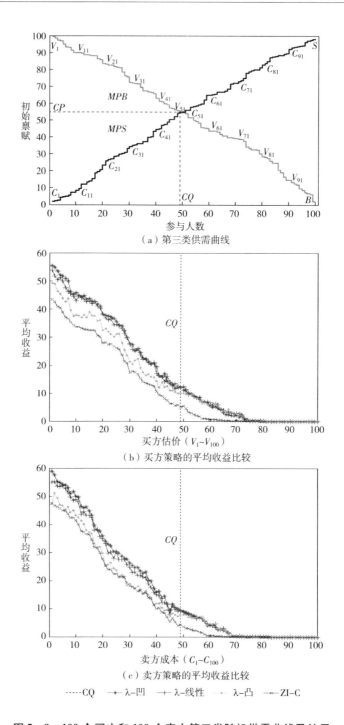

（a）第三类供需曲线

（b）买方策略的平均收益比较

（c）卖方策略的平均收益比较

······CQ　　—·—λ-凹　　—+—λ-线性　　·····λ-凸　　—*—ZI-C

图 5 - 9　100 个买方和 100 个卖方第三类随机供需曲线及结果

综上所述，我们得到如下结论：

对于买卖双方来说，λ – 凹策略均可获得最大收益，λ – 线性次之；且这两种动态 Hurwicz 策略下的收益均显著高于 ZI – C 策略。

市场力因素对买卖双方的收益有影响。当买卖双方市场力相同时，双方获得的收益也对称；当买卖双方市场力不相同时，市场力高的一方通常可获得较高的收益。

五、本章小结

本章针对连续双向拍卖市场中报价决策问题的复杂性，运用严格不确定决策中的 Hurwicz 准则，提出了动态调整乐观系数 λ 的报价策略，并通过仿真实验比较了凹、线性和凸三种 λ 调整策略下的收益，以及市场力因素对收益的影响。研究发现，无论市场力情况如何，λ – 凹在三种动态 Hurwicz 策略中均可获得最大收益，即决策者乐观系数 λ 的调整"先慢后快"为三种调整方式中最优的策略。

传统的 Hurwicz 准则中的乐观系数以静态为主，本书把乐观系数的调整拓展为动态，丰富和完善了 Hurwicz 准则，具有一定的理论和方法创新。在实践方面，为连续双向拍卖的交易者报价决策提出了新的策略和策略调整准则。在今后的研究中，我们将关注动态自学习乐观系数问题，以及其他严格不确定决策准则的运用和改进。

第六章　全书总结和研究展望

一、全书总结

　　双向拍卖市场中的交易双方都面临着非常复杂的决策过程，买方和卖方的交易策略问题是本书的研究重点。因为交易行为的多样性和市场信息的不充分性是连续双向拍卖市场的主要特点，如果我们抛开这两点来研究连续双向拍卖，说明研究偏离了正确的轨道。

　　本书通过模拟连续双向拍卖市场环境，研究了买方和卖方的报价策略问题，一方面可以进一步完善复杂环境下多人双向博弈的理论，丰富不确定条件下决策问题的研究；另一方面可以指导资本市场、电子商务中智能交易策略的设计，具有十分广阔的应用前景。

　　根据市场力的概念，结合连续双向拍卖市场环境，设计了连续双向拍卖市场中的市场力计算模型，定性地对连续双向拍卖市场环境进行了初步划分。在不同的市场环境中利用目前连续双向拍卖市场中著名的仿真交易策略进行交易模拟，通过马歇尔偏移量这一观测指标，发现连续双向拍卖市场中的买卖双方交易次序在不同的市场环境下的变化很大。由此说明在连续双向拍卖市场中是存在市场力的，我们据此进行的市场环境划分是合理的。

通过一个粗略的报价时机模型，对连续双向拍卖市场中的经典报价策略进行改造，用于研究报价时机和报价高低对连续双向拍卖市场效率的影响，发现在模拟连续双向拍卖市场环境中，报价高低对连续双向拍卖市场的市场效率影响较大，以后在设计报价策略时应关注报价高低。

本书构建了一个基于 ZI–C 策略的连续竞价模拟市场，该市场中的成交价格序列通过了随机游走检验，表明价格变动具有不可预测性。针对这样的市场，设计了"盯准最优报价"的交易策略（即 EOB 策略），并通过位置替换重复仿真实验，比较分析了在三类供需曲线下两种策略的平均收益差异。研究结果表明：①EOB 策略总体上可获得比 ZI–C 策略高 15%～23% 的平均收益；②当 EOB 策略处于市场劣势方时，还可以获得高于均衡收益的超额利润。

在满足随机游走的连续竞价市场中，虽然成交价格的变动不可预测，但是如果充分利用市场中的最优买方和卖方报价信息，可以提高个体收益；同时，选取交易策略时还应该考虑市场环境的影响（如市场力）。研究成果为金融市场中的报价决策提供理论依据，为今后设计各种智能交易策略提供新的思路。

针对连续双向拍卖市场中报价决策问题的复杂性，运用严格不确定决策中的 Hurwicz 准则，提出了动态调整乐观系数 λ 的报价策略，并通过仿真实验比较了凹、线性和凸三种 λ 调整策略下的收益，以及市场力因素对收益的影响。研究发现无论市场力情况如何，λ–凹在三种动态 Hurwicz 策略中均可获得最大收益，即决策者乐观系数 λ 的调整"先慢后快"为三种调整方式中最优的策略。

传统的 Hurwicz 准则中的乐观系数以静态为主，本书把乐观系数的调整拓展为动态，丰富和完善了 Hurwicz 准则，具有一定的理论和方法创新。在实践方面，为连续双向拍卖的交易者报价决策提出了新的策略和策略调整准则。在今后的研究中，我们将关注动态自学习乐观系数问题，以及其他严格不确定决策准则的运用和改进。

二、研究展望

由于应用仿真的方法对国内证券市场的研究尚处于初级阶段，随着经济和计算机技术的发展，在证券市场必将有大量的、不确定的信息反馈给市场中的参与者，如何在这些大量的、不确定的信息环境下做出正确的决策必将成为研究的热点和重点，而人体大脑能够处理的信息量毕竟是有限的，因此借助计算机仿真技术进行信息分析和策略设计不可避免地会被广泛应用于市场中。本研究对此做出了一定的贡献，取得了一些有意义的结论，但是还有一些不足。

市场参与者对自身在市场中所处位置的识别问题。影响市场参与者策略的因素有很多，如果能够识别出自身在整个市场环境中所处的位置，这对市场参与者的意义非同一般，这将有可能使连续双向拍卖市场中的严格不确定决策问题转化为风险决策，在极端情况下有可能转化为确定性决策，无疑会对参与者个体、市场整体产生巨大有利的影响。

市场环境的划分问题。本书虽然给出了基于市场力模型的一个粗略的市场环境划分依据，把市场环境定性地划分为三类，这不足以对市场参与者产生巨大的收益影响。对市场环境分类的详细划分，会丰富参与者对决策信息的理解，市场划分越详细，报价策略的设计越简单，可以有针对性地设计优势报价策略。

优势环境中的报价策略问题。本书提出的紧盯最优价策略和动态Hurwicz

报价策略，通过验证都可以用于指导在劣势环境下的报价决策问题，但在优势情况下，这两种策略的收益表现不足。市场中的参与者都具有自己的优势，一个参与者不可能在任何市场中都处于劣势（完全对等的市场结构类型在现实生活中很少），所以在资源占优的情况下的报价策略问题也相当重要。

总之，连续双向拍卖市场的报价策略和个体收益之间的研究还处于初级阶段，连续双向拍卖市场中的众多问题需要我们去研究和探索。

参考文献

［1］ Alexander S S. Price Movements in Speculative Markets: Trends or Random Walks ［J］. Industrial Management Review, 1961 （2）: 7 – 26.

［2］ Allais M. The So – Called Allais Paradox and Rational Decisions under Uncertainty ［A］//Allais M, Hagen O. The Expected Utility Hypothesis the Allais Oaradox ［M］. Berlin: Springer, 1979.

［3］ Arifovic J. The Behavior of the Exchange Rate in the Genetic Algorithm and Experimental Economies ［J］. Journal of Political Economy, 1996 （3）: 510 – 541.

［4］ Arthur W B, Holland J H, Lebaron B, et al. Asset Pricing under Endogenous Expectation in An Artificial Stock Market ［R］. 1996.

［5］ Blume L, Easley D. Implementation of Walrasian Expectations Equilibria ［J］. Journal of Economic Theory, 1990, 51 （1）: 207 – 227.

［6］ Bower J, Bunn D. Experimental Analysis of the Efficiency of Uniform – Price Versus Discriminatory Auctions in the England and Wales Electricity Market ［J］. Journal of Economic Dynamics and Control, 2001, 25 （3）: 561 – 592.

［7］ Brandouy O, Barneto P, Leger L A. Insider Trading, Imitative Behaviour and Price Formulation in a Stimulated Double – Auction Stock Market ［R］. Lough-borough University Workpaper, 2000: 1.

［8］ Bredin J, Parkes D C. Models for Truthful Online Double Auctions ［J］. EICE Transactions on Fundamentals of Electronics, Communications and Computer Sciences, 2012 (7): 1440 – 1449.

［9］ Bunn D W, Oliveira F S. Agent – Based Simulation—An Application to the New Electricity Trading Arrangements of England and Wales ［J］. IEEE Transactions on Evolutionary Computation, 2001, 5 (5): 493 – 503.

［10］ Cardoso H L, Schaefer M, Oliveira E. A Multi – Agent System for Electronic Commerce Including Adaptive Strategic Behaviours ［A］ //Proleadings of the 9th Portuguese Conference on Artifical Intelligence: Progress in Artifical Intelligence ［C］. Berlin: Springer, 1999.

［11］ Carlén B. Market Power in International Carbon Emissions Trading: A Laboratory Test ［J］. The Energy Journal, 2003 (3): 1 – 26.

［12］ Cason T N, Friedman D, Milam G H. Bargaining Versus Posted Price Competition in Customer Markets ［J］. International Journal of Industrial Organization, 2003, 21 (2): 223 – 251.

［13］ Cason T N, Friedman D. Price Formation in Double Auction Markets ［J］. Journal of Economic Dynamics and Control, 1996, 20 (8): 1307 – 1337.

［14］ Cason T N, Gangadharan L, Duke C. Market Power in Tradable Emission Markets: A Laboratory Testbed for Emission Trading in Port Phillip Bay, Victoria ［J］. Ecological Economics, 2003, 46 (3): 469 – 491.

［15］ Chamberlin E H. An Experimental Imperfect Market ［J］. The Journal of Political Economy, 1948, 56 (2): 95 – 108.

［16］ Chatterjee K, Samuelson W. Bargaining under Incomplete Information

[J]. Operations Research, 1983, 31 (5): 835 – 851.

[17] Chen D N, Yu J Y. An Expansion Matching Method to Improve Transaction Effectiveness in the Double Auction Market [J]. Electronic Commerce Research and Applications, 2012 (1): 4 – 13.

[18] Chen S, Yeh C. Evolving Traders and the Business School with Genetic Programming: A New Architecture of the Agent – Based Artificial Stock Market [J]. Journal of Economic Dynamics and Control, 2001, 25 (3): 363 – 393.

[19] Chiarella C, He X, Pellizzari P. A Dynamic Analysis of the Microstructure of Moving Average Rules in a Double Auction Market [J]. Macroeconomic Dynamics, 2012, 16 (4): 556 – 575.

[20] Cliff D, Bruten J. Zero Not Enough: On the Lower Limit of Agent Intelligence for Continuous Double Auction Markets [R]. HP Laboratories Technical Report HPL, 1997.

[21] Cohen K J, Maier S F, Schwartz R A, et al. The Microstructure of Securities Markets [M]. NJ: Prentice – Hall Sydney, 1986.

[22] Das R, Hanson J E, Kephart J O, et al. Agent – Human Interactions in the Continuous Double Auction [C]. State of New Jersey: Lawrence Erlbaum Associates Ltd, 2001.

[23] Davis D D, Holt C A. Experimental Economics: Methods, Problems, and Promise [J]. Estudios Economics, 1993 (16): 179 – 212.

[24] Dawid H. Adaptive Learning by Genetic Algorithms: Analytical Results and Applications to Economic Models [M]. New York: Springer – Verlag New York Inc., 1996.

[25] Dickey D A, Fuller W A. Distribution of the Estimators for Autoregressive Time Series with a Unit Root [J]. Journal of the American Statistical Association,

1979, 74（366）: 427 – 431.

[26] Dickey D A, Fuller W A. Likelihood Ratio Statistics for Autoregressive Time Series with a Unit Root [J] . Econometrica, 1981（4）: 1057 – 1072.

[27] Ellsberg D. Risk, Ambiguity, and the Savage Axioms [J] . The Quarterly Journal of Economics, 1961（4）: 643 – 669.

[28] Engelbrecht – Wiggans R. Auctions and Bidding Models: A Survey [J] . Management Science, 1980, 26（2）: 119 – 142.

[29] Fama E F. Efficient Capital Markets: A Review of Theory and Empirical Work [J] . The Journal of Finance, 1970, 25（2）: 383 – 417.

[30] Fama E F. Efficient Capital Markets: II [J] . The Journal of Finance, 1991（5）: 1575 – 1617.

[31] Fama E F. The Behavior of Stock – Market Prices [J] . Journal of Business, 1965（1）: 34 – 105.

[32] Farmer J D, Patelli P, Zovko I I. The Predictive Power of Zero Intelligence in Financial Markets [J] . Proceedings of the National Academy of Sciences of the United States of America, 2005, 102（6）: 2254 – 2259.

[33] Friedman D P, Rust J. The Double Auction Market: Institutions, Theories, and Evidence [M] . Boulder: Westview Press, 1991.

[34] Friedman D. A Simple Testable Model of Double Auction Markets [J] . Journal of Economic Behavior & Organization, 1991, 15（1）: 47 – 70.

[35] Fudenberg D, Mobius M, Szeidl A. Existence of Equilibrium in Large Double Auctions [J] . Journal of Economic Theory, 2007, 133（1）: 550 – 567.

[36] Gjerstad S, Dickhaut J. Price Formation in Double Auctions [J] . Games and Economic Behavior, 1998, 22（1）: 1 – 29.

[37] Gode D K, Sunder S. Allocative Efficiency of Markets with Zero – Intelli-

gence Traders: Market as a Partial Substitute for Individual Rationality [J]. Journal of Political Economy, 1993 (1): 119 – 137.

[38] Harsanyi J C. Games with Incomplete Information Played by "Bayesian" Players, Part Ⅰ. The Basic Model [J]. Management Science, 1967 (3): 159 – 182.

[39] Harsanyi J C. Games with Incomplete Information Played by "Bayesian" Players Part Ⅱ. Bayesian Equilibrium Points [J]. Management Science, 1968a, 14 (5): 320 – 334.

[40] Harsanyi J C. Games with Incomplete Information Played by "Bayesian" Players, Part Ⅲ. The Basic Probability Distribution of the Game [J]. Management Science, 1968b, 14 (7): 486 – 502.

[41] He M, Leung H, Jennings N R. A Fuzzy – Logic Based Bidding Strategy for Autonomous Agents in Continuous Double Auctions [J]. IEEE Transactions on Knowledge & Data Engineering, 2003, 15 (6): 1345 – 1363.

[42] Huang Y P, Chen S H, Hung M C, et al. An Order – Driven Agent – Based Artificial Stock Market to Analyze Liquidity Costs of Market Orders in the Taiwan Stock Market [J]. Natural Computing in Computational Finance, 2012 (380): 163 – 179.

[43] Hurwicz L. Optimality Criteria for Decision Making Under Ignorance [R]. Cowles Commission Discussion Papers no. 370, 1951.

[44] Izumi K, Ueda K. Phase Transition in a Foreign Exchange Market – Analysis Based on An Artificial Market Approach [J]. IEEE Transactions on Evolutionary Computation, 2001, 5 (5): 456 – 470.

[45] Jain P. Institutional Design and Liquidity at Stock Exchanges around the World [Z]. SSRN Electronic Journal, 2003.

[46] Jensen M C. Agency Costs of Free Cash Flow, Corporate Finance, and Takeovers [J] . The American Economic Review, 1986, 76 (2): 323 – 329.

[47] Jensen M C. Risk, the Pricing of Capital Assets, and the Evaluation of Investment Portfolios [J] . The Journal of Business, 1969, 42 (2): 167 – 247.

[48] Kahneman D, Tversky A. Prospect Theory: An Analysis of Decision under Risk [J] . Econometrica, 1979 (2): 263 – 291.

[49] Kendall M G, Hill A B. The Analysis of Economic Time – Series – Part I : Prices [J] . Journal of the Royal Statistical Society, 1953 (1): 11 – 34.

[50] Kumar A, Dhar R. A Non – Random Walk Down the Main Street: Impact of Price Trends on Trading Decisions of Individual Investors [R] . Yale School of Management Working Papers, 2001.

[51] Leroy S F. Efficient Capital Markets and Martingales [J] . Journal of Economic Literature, 1989, 27 (4): 1583 – 1621.

[52] Malkiel B G, Fama E F. Efficient Capital Markets: A Review of Theory and Empirical Work [J] . The Journal of Finance, 1970, 25 (2): 383 – 417.

[53] McAfee R P, McMillan J. Auctions and Bidding [J] . Journal of Economic Literature, 1987, 25 (2): 699 – 738.

[54] McAfee R P. A Dominant Strategy Double Auction [J] . Journal of Economic Theory, 1992, 56 (2): 434 – 450.

[55] Myerson R B, Satterthwaite M A. Efficient Mechanisms for Bilateral Trading [J] . Journal of Economic Theory, 1983, 29 (2): 265 – 281.

[56] Nicolaisen J, Petrov V, Tesfatsion L. Market Power and Efficiency in a Computational Electricity Market with Discriminatory Double – Auction Pricing [J]. IEEE Transactions on Evolutionary Computation, 2001, 5 (5): 504 – 523.

[57] Othman A. Zero – Intelligence Agents in Prediction Markets [C]. Inter-

national Foundation for Autonomous Agents and Multiagent Systems, 2008.

[58] Park S, Durfee E H, Birmingham W P. An Adaptive Agent Bidding Strategy Based on Stochastic Modeling [C] . Charleston: ACM, 1999.

[59] Patell J M, Wolfson M A. The Intraday Speed of Adjustment of Stock Prices to Earnings and Dividend Announcements [J] . Journal of Financial Economics, 1984, 13 (2): 223 – 252.

[60] Plott C R, Smith V L. An Experimental Examination of Two Exchange Institutions [J] . The Review of Economic Studies, 1978, 45 (1): 133 – 153.

[61] Preist C, Van Tol M. Adaptive Agents in a Persistent Shout Double Auction [C] . Charleston: ACM, 1998.

[62] Rajan V, Slagle J R, Dickhaut J, et al. Decentralized Problem Solving Using the Double Auction Market Institution [J] . Expert Systems with Applications, 1997, 12 (1): 1 – 10.

[63] Reny P J, Perry M. Toward a Strategic Foundation for Rational Expectations Equilibrium [J] . Econometrica, 2006, 74 (5): 1231 – 1269.

[64] Roberts H V. Stock – Market "Patterns" And Financial Analysis: Methodological Suggestions [J] . The Journal of Finance, 1959, 14 (1): 1 – 10.

[65] Rust J, Miller J H, Palmer R. Characterizing Effective Trading Strategies: Insights from a Computerized Double Auction Tournament [J] . Journal of Economic Dynamics and Control, 1994, 18 (1): 61 – 96.

[66] Satterthwaite M A, Williams S R. The Bayesian Theory of the K – Double Auction [R] . The Double Auction Market: Institutions, Theories and Evidence, Santa Fe Institute Studies in the Sciences of Complexity, 1993: 99 – 123.

[67] Sherstov A, Stone P. Three Automated Stock – Trading Agents: A Comparative Study [M] . Berlin: Springer, 2005.

[68] Smith E, Farmer J D, Gillemot L S, et al. Statistical Theory of the Continuous Double Auction [J]. Quantitative Finance, 2003, 3 (6): 481 –514.

[69] Smith V L. An Experimental Study of Competitive Market Behavior [J]. The Journal of Political Economy, 1962, 70 (2): 111 –137.

[70] Smith V L. Microeconomic Systems as An Experimental Science [J]. The American Economic Review, 1982, 72 (5): 923 –955.

[71] Stoft S. Power System Economics [M]. New York: Wiley – IEEE Press, 2002.

[72] Stoll H R, Whaley R E. Stock Market Structure and Volatility [J]. Review of Financial Studies, 1990, 3 (1): 37 –71.

[73] Tesauro G, Das R. High – Performance Bidding Agents for the Continuous Double Auction [C]. Charleston: ACM, 2001.

[74] Tseng J, Lin C, Lin C, et al. Statistical Properties of Agent – Based Models in Markets with Continuous Double Auction Mechanism [J]. Physica A: Statistical Mechanics and its Applications, 2010, 389 (8): 1699 –1707.

[75] Tubaro P. Is Individual Rationality Essential to Market Price Formation? The Contribution of Zero – Intelligence Agent Trading Models [J]. Journal of Economic Methodology, 2009, 16 (1): 1 –19.

[76] Vickrey W. Counterspeculation, Auctions, and Competitive Sealed Tenders [J]. The Journal of Finance, 1961, 16 (1): 8 –37.

[77] Zhan W, Friedman D. Markups in Double Auction Markets [J]. Journal of Economic Dynamics and Control, 2007, 31 (9): 2984 –3005.

[78] Zhan W, Zhang J, Yang J, et al. K – ZI: A General Zero – Intelligence Model in Continuous Double Auction [J]. International Journal of Information Technology & Decision Making, 2002, 1 (4): 673 –691.

［79］陈胜峰，蔚承建．资源有限连续双向拍卖环境下的ZIP2策略［J］．计算机应用，2009（12）：3231－3234.

［80］戴晓凤，杨军，张清海．中国股票市场的弱式有效性检验：基于单位根方法［J］．系统工程，2005（11）：23－28.

［81］丁乐群，汪洋．基于古诺模型的电力市场中市场力分析［J］．哈尔滨工业大学学报，2006（9）：1601－1604.

［82］恩德斯，杜江，袁景安．应用计量经济学：时间序列分析（第三版）［M］．北京：机械工业出版社，2012.

［83］范龙振，张子刚．深圳股票市场的弱有效性［J］．管理工程学报，1998（1）：37－40.

［84］付静，邵培基，杨小平．在线双向拍卖中的不完全信息博弈仿真研究［J］．管理学报，2006，3（6）：673－682.

［85］高宝俊，戴辉，宣慧玉．基于Agent的股票市场仿真：个体行为对市场、政策效果的影响［J］．系统工程理论方法应用，2005，14（6）：497－501.

［86］高洪文，杨红．对中国房地产行业是否存在垄断特征的实证分析［J］．现代商业，2007（18）：14－15.

［87］高鸿桢．关于上海股市效率性的探讨［J］．厦门大学学报（哲学社会科学版），1996（4）：13－18.

［88］巩兰杰，王春峰，房振明．基于Agent的连续双向拍卖人工股市建模研究［J］．计算机应用研究，2008（12）：3602－3604.

［89］黄淳．市场实验的理论基础与案例分析［J］．经济学动态，2002（9）：83－87.

［90］靳云汇，李学．中国证券市场半强态有效性检验——买壳上市分析［J］．金融研究，2000（1）：85－91.

［91］兰秋军，马超群，甘国君，等．中国股市弱有效吗？——来自数据挖掘的实证研究［J］．中国管理科学，2005，13（4）：17－23.

［92］李德毅，刘常昱，杜鹢，等．不确定性人工智能［J］．软件学报，2004（11）：1583－1594.

［93］李猛．复杂系统建模方法及其在投资分析中的应用［D］．济南：山东大学硕士学位论文，2006.

［94］李悦雷，张维，熊熊．最小报价单位对市场流动性影响的计算实验研究［J］．管理科学，2012（1）：92－98.

［95］刘波，曾勇，李平．基于连续双向拍卖的金融市场微观结构研究综述［J］．管理工程学报，2007（2）：19－28.

［96］刘大海，王治宝，孙洪军，等．基于 Agent 的股票价格行为仿真［J］．计算机工程，2004，30（19）：168－170.

［97］刘娜，何继新，周俊，等．碳排放权交易的双向拍卖博弈研究［J］．安徽农业科学，2010（6）：3202－3203.

［98］刘宁元．拍卖法原理与实务［M］．上海：上海人民出版社，2008.

［99］刘双舟．拍卖法原理［M］．北京：中国政法大学出版社，2010.

［100］刘维妮，韩立岩．基于人工股市模型的投资者仿真研究［J］．管理学报，2007，4（4）：414－420.

［101］刘晓光，刘晓峰．基于 Agent 的股票交易模拟及应用［J］．计算机工程与应用，2004，40（21）：220－222.

［102］刘晓庆，翟东升．连续双拍卖市场交易过程的 Swarm 仿真研究［J］．计算机仿真，2006，22（10）：238－241.

［103］刘玉青．移动商务风险要素分析与规避策略研究［D］．武汉：华中科技大学博士学位论文，2011.

［104］刘志新．运用马尔可夫链对上海股市有效性的检验［J］．系统工

程，2000（1）：29-33.

[105] 柳思维，刘凤根. 股票市场弱势有效与股票价格的随机游走[J].
系统工程，2003（6）：71-74.

[106] 芦鹏宇，李一军. 基于混合策略的动态报价算法研究［J］. 计算
机应用，2006，26（6）：1456-1458.

[107] 路卫娜，杨寿保，郭磊涛. 基于信誉感知的网格资源交易机制
[J]. 中国科学技术大学学报，2007（9）：1054-1059.

[108] 罗伯特·S. 平狄克，丹尼尔·L. 鲁宾费尔德. 微观经济学（第七
版）［M］. 高远，朱海洋，范子英，等译. 北京：中国人民大学出版社，
2009.

[109] 马龙龙，裴艳丽. 零售商买方势力的滥用及其对策研究［J］. 商
业经济与管理，2003（5）：4-8.

[110] 米尔斯，俞卓菁. 金融时间序列的经济计量学模型［M］. 北京：
经济科学出版社，2002.

[111] 邱菀华. 现代管理决策理论方法与实践［M］. 北京：北京航空航
天大学出版社，2004.

[112] 施东晖. 证券投资基金的交易行为及其市场影响［J］. 世界经济，
2001（10）：26-31.

[113] 汤敏，茅于轼. 现代经济学前沿专题：第二集［M］. 北京：商务
印书馆，1993.

[114] 王恩创，任玉珑，杨菲菲. 基于双市场的电能与环境协调激励减
排机制研究［J］. 预测，2011（6）：53-58.

[115] 王惠平. 关于深化农村税费改革试点工作的思考［J］. 经济社会
体制比较，2005（1）：109-114.

[116] 王相林. 我国制药产业市场势力解析［J］. 卫生经济研究，2004

（2）：7 - 9.

[117] 吴振翔，陈敏. 中国股票市场弱有效性的统计套利检验 [J]. 系统工程理论与实践，2007（2）：92 - 98.

[118] 谢识予. 经济博弈论 [M]. 上海：复旦大学出版社，2002.

[119] 徐振宇. 跨国零售集团的市场势力：扩展与制衡 [J]. 北京工商大学学报（社会科学版），2006（4）：21 - 24.

[120] 闫冀楠，张维. 上海股市 EMH 实证检验 [J]. 系统工程学报，1997，12（3）：49 - 56.

[121] 杨力俊，乞建勋，谭忠富，等. 寡头垄断市场中不同价格形成机制的市场力分析 [J]. 中国管理科学，2005（1）：83 - 90.

[122] 杨美丽. 深市股票价格波动的随机游走模型 [J]. 山西农业大学学报（社会科学版），2012（7）：741 - 746.

[123] 姚珣，唐小我，潘景铭. 基于双向拍卖机制的供应链回购契约研究 [J]. 管理学报，2009（11）：1444 - 1448.

[124] 易荣华，李必静. 股票定价模式及股价分解测度方法研究——基于输入输出转换及相对比较的视角 [J]. 中国管理科学，2010（5）：14 - 20.

[125] 于雪泳，吴超. 不确定情况下的决策分析方法 [J]. 四川兵工学报，2011（3）：114 - 115.

[126] 岳超源. 决策理论与方法 [M]. 北京：科学出版社，2003.

[127] 詹文杰，邵原. 连续竞价市场的交易策略研究综述 [J]. 管理学报，2008（6）：921 - 927.

[128] 詹文杰，汪寿阳. 评"Smith 奥秘"与双向拍卖的研究进展 [J]. 管理科学学报，2003，6（1）：1 - 12.

[129] 詹文杰，杨洁. 连续双向拍卖市场中基于马尔可夫链的交易策略研究 [J]. 中国管理科学，2008，16（1）：111 - 116.

［130］詹文杰．双向拍卖的交易机制和交易策略［M］．武汉：华中科技大学出版社，2009.

［131］张兵，李晓明．中国股票市场的渐进有效性研究［J］．经济研究，2003（1）：54－61.

［132］张庆翠．我国股票市场对定期报告的延迟反应异象研究［J］．经济科学，2004（2）：55－64.

［133］张维，李悦雷，熊熊，等．计算实验金融的思想基础与研究范式［J］．系统工程理论与实践，2012（3）：495－507.

［134］张维，刘文财，王启文，等．面向资本市场复杂性建模：基于Agent计算实验金融学［J］．现代财经－天津财经学院学报，2003（1）：3－7.

［135］张维迎．博弈论与信息经济学［M］．上海：上海三联书店，上海人民出版社，1996.

［136］张小艳，张宗成．期货市场有效性理论与实证检验［J］．中国管理科学，2005，13（6）：1－5.

［137］张赞，郁义鸿．零售商垄断势力、通道费与经济规制［J］．财贸经济，2006（3）：60－65.

［138］赵玻．零售商市场势力及其福利效应［J］．财经理论与实践，2005（1）：94－98.

［139］赵旭，蔚承建．连续双向拍卖中演化 Risk－Based 策略研究［J］．计算机工程与应用，2010（3）：236－238.

［140］赵贞玉，欧阳令南，祝波．弹簧振子理论及对上海股市的实证研究［J］．管理科学学报，2007（3）：71－79.

［141］赵振全，丁志国，周佰成．国有股流通与股票市场制度修正［J］．财经科学，2001（6）：29－33.

［142］朱晓波，王先甲，余谦．双边叫价拍卖中基于粒子群优化的策略

学习模型［J］．计算机工程与应用，2006，42（32）：185－187.

　　［143］邹琳．人工股票市场建模与实验方法及混沌控制研究［D］．长沙：湖南大学博士学位论文，2008.

附录　主要实验数据

附表 4-1　连续双向拍卖市场 **ZI** 策略成交价格实验数据

1	2	3	4	5	6	7	8	9	10
44. 6408	28. 6405	52. 0094	47. 0489	70. 0015	36. 7046	64. 7775	52. 1137	25. 5102	31. 823
11	12	13	14	15	16	17	18	19	20
48. 4415	59. 6862	69. 3756	64. 8509	61. 2069	52. 7484	52. 8649	51. 76	37. 5487	32. 5253
21	22	23	24	25	26	27	28	29	30
57. 6102	40. 6524	46. 7286	52. 4611	39. 5514	23. 9776	57. 0041	34. 5358	51. 3139	58. 6881
31	32	33	34	35	36	37	38	39	40
61. 44	51. 7456	57. 2927	51. 1818	46. 3768	52. 5753	43. 3491	55. 4362	57. 6463	39. 2201
41	42	43	44	45	46	47	48	49	50
55. 901	52. 8665	58. 2088	60. 2149	35. 5856	50. 2801	58. 1871	47. 9587	42. 9645	37. 8569
51	52	—	—	—	—	—	—	—	—
50. 1762	46. 0712	—	—	—	—	—	—	—	—

附表 4-2　**EOB** 策略第一类供需曲线下实验数据

买方位置	1	2	3	4	5	6	7	8
EOB 收益	53. 6075	52. 5074	51. 1797	50. 5263	49. 3918	48. 6577	47. 1371	46. 4855
ZI－C 收益	45. 5436	44. 6563	43. 2621	42. 5445	41. 8797	41. 0574	39. 5722	39. 0605
均衡收益	49. 5	48. 5	47. 5	46. 5	45. 5	44. 5	43. 5	42. 5

续表

买方位置	9	10	11	12	13	14	15	16
EOB 收益	45.5985	44.6688	43.573	42.617	41.0645	40.4605	39.6346	38.0685
ZI – C 收益	37.9396	37.2232	35.9815	35.3805	34.6671	33.805	32.7472	31.7466
均衡收益	41.5	40.5	39.5	38.5	37.5	36.5	35.5	34.5

买方位置	17	18	19	20	21	22	23	24
EOB 收益	37.3393	36.4022	35.1827	34.5777	33.4113	32.1831	31.4839	30.5057
ZI – C 收益	30.5943	30.1459	28.8698	28.1335	27.2232	25.8696	25.1226	24.6818
均衡收益	33.5	32.5	31.5	30.5	29.5	28.5	27.5	26.5

买方位置	25	26	27	28	29	30	31	32
EOB 收益	29.01	28.6367	27.6265	26.3692	25.5037	24.3154	23.6012	22.2455
ZI – C 收益	23.2073	22.7577	21.7959	20.3626	19.8527	19.269	18.3523	17.6405
均衡收益	25.5	24.5	23.5	22.5	21.5	20.5	19.5	18.5

买方位置	33	34	35	36	37	38	39	40
EOB 收益	21.5808	20.6618	19.1903	18.4785	17.4959	16.3454	16.1804	14.316
ZI – C 收益	16.2257	16.0635	14.4896	14.0573	13.804	12.4942	12.0353	11.3651
均衡收益	17.5	16.5	15.5	14.5	13.5	12.5	11.5	10.5

买方位置	41	42	43	44	45	46	47	48
EOB 收益	13.1832	12.6758	11.7643	10.8748	9.5934	9.1215	7.9832	7.0497
ZI – C 收益	10.8612	9.6548	9.0614	8.5234	7.5091	6.9782	6.1423	5.9616
均衡收益	9.5	8.5	7.5	6.5	5.5	4.5	3.5	2.5

买方位置	49	50	51	52	53	54	55	56
EOB 收益	6.4788	5.8926	5.2254	3.9623	3.6159	3.5357	2.7722	2.1663
ZI – C 收益	5.1765	4.5533	4.1096	3.4321	3.1393	2.5842	2.1416	1.7959
均衡收益	1.5	0.5	0	0	0	0	0	0

买方位置	57	58	59	60	61	62	63	64
EOB 收益	1.9124	1.4918	1.1365	0.9752	0.6987	0.4745	0.4193	0.2344
ZI – C 收益	1.2745	1.0972	0.9677	0.6749	0.4377	0.4162	0.1887	0.2439
均衡收益	0	0	0	0	0	0	0	0

买方位置	65	66	67	68	69	70	71	72
EOB 收益	0.1706	0.1633	0.0691	0.0927	0.0553	0.0553	0.0343	0.0044
ZI – C 收益	0.1016	0.1539	0.1065	0.0472	0.0302	0.0346	0.0248	0.0142
均衡收益	0	0	0	0	0	0	0	0

续表

买方位置	73	74	75	76	77	78	79	80
EOB 收益	0.023	0.0159	0.0182	0	0.0068	0	0.0056	0.0036
ZI－C 收益	0.0098	0.0157	0.0213	0.0027	0.0218	0.0092	0.0068	0.0052
均衡收益	0	0	0	0	0	0	0	0
买方位置	81	82	83	84	85	86	87	88
EOB 收益	0	0	0	0	0	0	0	0
ZI－C 收益	0.0042	0	0	0.0059	0.002	0	0.0049	0
均衡收益	0	0	0	0	0	0	0	0
买方位置	89	90	91	92	93	94	95	96
EOB 收益	0	0	0	0	0	0	0	0
ZI－C 收益	0	0	0	0	0	0	0	0
均衡收益	0	0	0	0	0	0	0	0
买方位置	97	98	99	100	—	—	—	—
EOB 收益	0	0	0	0	—	—	—	—
ZI－C 收益	0	0	0	0	—	—	—	—
均衡收益	0	0	0	0	—	—	—	—
卖方位置	1	2	3	4	5	6	7	8
EOB 收益	53.5525	52.0352	51.6507	50.9142	49.9095	48.9061	47.3082	46.8184
ZI－C 收益	45.5432	45.1257	44.3646	43.3879	41.9472	40.9026	40.7539	38.9503
均衡收益	49.5	48.5	47.5	46.5	45.5	44.5	43.5	42.5
卖方位置	9	10	11	12	13	14	15	16
EOB 收益	45.9535	45.018	43.6712	42.8308	41.7198	40.0416	39.957	38.293
ZI－C 收益	38.0013	37.7255	36.397	35.6185	34.6014	33.9089	33.3564	31.7263
均衡收益	41.5	40.5	39.5	38.5	37.5	36.5	35.5	34.5
卖方位置	17	18	19	20	21	22	23	24
EOB 收益	37.4531	36.4519	36.0962	34.8114	33.5312	32.9327	31.7157	30.2194
ZI－C 收益	30.8913	29.8307	29.191	28.2373	27.2525	26.4369	25.8058	24.52
均衡收益	33.5	32.5	31.5	30.5	29.5	28.5	27.5	26.5
卖方位置	25	26	27	28	29	30	31	32
EOB 收益	30.0073	28.5987	28.1143	26.2125	25.9697	24.669	23.7232	23.0188
ZI－C 收益	23.7633	23.4198	22.2522	21.211	20.2839	19.8649	18.4827	17.8365
均衡收益	25.5	24.5	23.5	22.5	21.5	20.5	19.5	18.5

续表

卖方位置	33	34	35	36	37	38	39	40
EOB 收益	21.4654	20.3061	19.4189	18.8885	17.4958	16.7898	16.1455	14.8761
ZI – C 收益	16.8453	16.2179	15.1866	14.6525	13.6785	12.8089	12.5035	11.5137
均衡收益	17.5	16.5	15.5	14.5	13.5	12.5	11.5	10.5
卖方位置	41	42	43	44	45	46	47	48
EOB 收益	13.2242	12.6835	12.6456	10.9224	10.1385	8.8012	8.4674	7.0625
ZI – C 收益	10.6831	10.3784	9.2777	8.8061	7.9712	7.3487	6.9505	5.9675
均衡收益	9.5	8.5	7.5	6.5	5.5	4.5	3.5	2.5
卖方位置	49	50	51	52	53	54	55	56
EOB 收益	6.5894	6.2652	5.6262	4.3019	3.7832	3.4287	2.8292	2.4624
ZI – C 收益	5.5257	4.7189	3.9158	3.4476	2.9654	2.5812	2.1473	1.8559
均衡收益	1.5	0.5	0	0	0	0	0	0
卖方位置	57	58	59	60	61	62	63	64
EOB 收益	1.7526	1.4741	0.9274	0.9911	0.6563	0.5573	0.4415	0.2681
ZI – C 收益	1.3819	1.2216	0.8992	0.7757	0.5331	0.4122	0.2556	0.1941
均衡收益	0	0	0	0	0	0	0	0
卖方位置	65	66	67	68	69	70	71	72
EOB 收益	0.1739	0.1457	0.1805	0.091	0.0768	0.0574	0.0342	0.0067
ZI – C 收益	0.1722	0.1395	0.0503	0.1205	0.0392	0.028	0.0288	0.0386
均衡收益	0	0	0	0	0	0	0	0
卖方位置	73	74	75	76	77	78	79	80
EOB 收益	0.0189	0.0013	0.0115	0.0197	0.0216	0	0.004	0
ZI – C 收益	0.011	0.0089	0.0013	0.0035	0.0353	0.0003	0.0023	0.0172
均衡收益	0	0	0	0	0	0	0	0
卖方位置	81	82	83	84	85	86	87	88
EOB 收益	0	0	0	0	0	0	0.0126	0
ZI – C 收益	0.0023	0.0051	0.0006	0.0063	0	0	0	0
均衡收益	0	0	0	0	0	0	0	0
卖方位置	89	90	91	92	93	94	95	96
EOB 收益	0	0	0	0	0	0	0	0
ZI – C 收益	0	0	0	0	0	0	0	0
均衡收益	0	0	0	0	0	0	0	0

续表

卖方位置	97	98	99	100	—	—	—	—
EOB 收益	0	0	0	0	—	—	—	—
ZI－C 收益	0	0	0	0	—	—	—	—
均衡收益	0	0	0	0	—	—	—	—

附表 4－3　EOB 策略第二类供需曲线下实验数据

买方位置	1	2	3	4	5	6	7	8
EOB 收益	64.8856	62.892	62.3775	61.2676	59.7243	59.8629	58.1537	57.0163
ZI－C 收益	56.5393	55.346	54.7391	53.3137	52.8835	51.6386	50.7346	49.7471
均衡收益	66	65	64	63	62	61	60	59
买方位置	9	10	11	12	13	14	15	16
EOB 收益	56.0384	55.1156	54.134	52.8056	52.6942	50.9801	50.78	49.189
ZI－C 收益	49.1928	47.9127	47.1035	46.3414	44.9903	44.3623	42.897	42.3447
均衡收益	58	57	56	55	54	53	52	51
买方位置	17	18	19	20	21	22	23	24
EOB 收益	48.606	47.528	46.4784	45.025	44.2183	43.1635	42.4214	41.2167
ZI－C 收益	40.7166	40.4755	39.5164	38.3251	37.734	36.8687	36.0243	34.7048
均衡收益	50	49	48	47	46	45	44	43
买方位置	25	26	27	28	29	30	31	32
EOB 收益	39.8122	39.6048	38.4166	37.1232	36.3198	35.2548	34.0766	33.866
ZI－C 收益	34.2344	33.4919	32.4043	30.9211	30.3858	29.3922	28.5324	27.9744
均衡收益	42	41	40	39	38	37	36	35
买方位置	33	34	35	36	37	38	39	40
EOB 收益	32.496	31.6197	30.8917	29.4926	27.9079	27.5249	26.3554	25.23
ZI－C 收益	26.8683	26.34	25.1106	24.5007	23.6237	22.6621	22.3521	21.1436
均衡收益	34	33	32	31	30	29	28	27
买方位置	41	42	43	44	45	46	47	48
EOB 收益	24.2908	23.1196	22.745	20.9595	20.4718	18.8196	18.3339	17.5799
ZI－C 收益	20.8106	19.1802	18.8714	17.886	17.3888	16.5598	15.5425	14.7098
均衡收益	26	25	24	23	22	21	20	19

续表

买方位置	49	50	51	52	53	54	55	56
EOB 收益	16.1655	15.2533	14.2207	13.4282	12.0057	11.6113	10.9393	10.0028
ZI–C 收益	14.4445	13.3255	12.7414	12.1616	11.2981	10.8352	10.0589	9.751
均衡收益	18	17	16	15	14	13	12	11
买方位置	57	58	59	60	61	62	63	64
EOB 收益	8.8426	7.7472	7.1465	5.9714	5.4844	4.5824	4.0763	3.25
ZI–C 收益	8.9739	8.6292	8.1741	7.5829	6.8908	6.4759	6.1557	5.5497
均衡收益	10	9	8	7	6	5	4	3
买方位置	65	66	67	68	69	70	71	72
EOB 收益	2.7756	2.0436	1.697	1.28	1.1527	0.6992	0.6908	0.3796
ZI–C 收益	4.963	4.5356	4.1511	3.579	3.1412	2.7006	2.1431	1.805
均衡收益	2	1	0	0	0	0	0	0
买方位置	73	74	75	76	77	78	79	80
EOB 收益	0.2793	0.213	0.0704	0.0969	0.012	0.0316	0.0075	0.0347
ZI–C 收益	1.4486	0.8449	0.7447	0.405	0.2691	0.1856	0.0888	0.0321
均衡收益	0	0	0	0	0	0	0	0
买方位置	81	82	83	84	85	86	87	88
EOB 收益	0.034	0.0149	0.0018	0	0	0	0	0
ZI–C 收益	0.0265	0.0141	0.0009	0	0	0	0	0
均衡收益	0	0	0	0	0	0	0	0
买方位置	89	90	91	92	93	94	95	96
EOB 收益	0	0	0	0	0	0	0	0
ZI–C 收益	0	0	0	0	0	0	0	0
均衡收益	0	0	0	0	0	0	0	0
买方位置	97	98	99	100	—	—	—	—
EOB 收益	0	0	0	0	—	—	—	—
ZI–C 收益	0	0	0	0	—	—	—	—
均衡收益	0	0	0	0	—	—	—	—
卖方位置	1	2	3	4	5	6	7	8
EOB 收益	40.2477	41.9058	41.4955	41.0866	40.6412	39.3906	39.3565	38.7808
ZI–C 收益	32.3649	33.816	33.5641	33.3804	32.7559	32.1466	31.4894	31.8385
均衡收益	33	32.5	32	31.5	31	30.5	30	29.5

卖方位置	9	10	11	12	13	14	15	16
EOB 收益	38.7924	38.5999	37.5316	37.5149	37.4021	36.3614	35.458	35.7144
ZI－C 收益	31.0714	30.5198	29.8212	29.7093	28.8268	28.847	27.9633	27.3486
均衡收益	29	28.5	28	27.5	27	26.5	26	25.5
卖方位置	17	18	19	20	21	22	23	24
EOB 收益	34.5871	34.4459	33.6476	32.8497	32.5104	31.8107	31.8543	31.2935
ZI－C 收益	27.184	25.8457	26.3572	25.0029	24.9081	24.4916	24.0817	23.4657
均衡收益	25	24.5	24	23.5	23	22.5	22	21.5
卖方位置	25	26	27	28	29	30	31	32
EOB 收益	30.9778	30.4142	29.3616	29.1026	28.5712	27.8856	27.5044	27.5383
ZI－C 收益	23.4182	22.5174	22.0644	21.4725	21.078	20.3568	20.2003	19.676
均衡收益	21	20.5	20	19.5	19	18.5	18	17.5
卖方位置	33	34	35	36	37	38	39	40
EOB 收益	27.2673	26.2166	26.3184	25.2584	24.7276	24.1291	23.9956	24.0045
ZI－C 收益	18.8894	18.8932	17.6072	17.9026	17.0862	17.079	16.7196	16.4514
均衡收益	17	16.5	16	15.5	15	14.5	14	13.5
卖方位置	41	42	43	44	45	46	47	48
EOB 收益	22.6961	22.1999	21.7406	20.6609	20.6395	20.1738	19.9845	19.1329
ZI－C 收益	15.7728	15.1549	14.5424	14.115	13.6395	12.9888	12.8387	12.6163
均衡收益	13	12.5	12	11.5	11	10.5	10	9.5
卖方位置	49	50	51	52	53	54	55	56
EOB 收益	18.9198	18.118	17.3902	17.0644	16.5774	16.1165	16.2879	15.271
ZI－C 收益	11.7647	11.7095	11.4875	10.7821	10.4629	9.8812	9.8037	8.7974
均衡收益	9	8.5	8	7.5	7	6.5	6	5.5
卖方位置	57	58	59	60	61	62	63	64
EOB 收益	14.9464	14.2557	13.9857	13.5814	13.3609	12.114	11.7384	11.0445
ZI－C 收益	8.8951	8.4227	8.1107	7.8131	6.8104	6.9419	6.458	6.0973
均衡收益	5	4.5	4	3.5	3	2.5	2	1.5
卖方位置	65	66	67	68	69	70	71	72
EOB 收益	10.655	10.4113	10.3145	10.1436	9.1288	8.8707	8.3906	7.7747
ZI－C 收益	5.3936	5.6194	5.3331	4.9778	4.8865	4.5907	4.1261	3.7403
均衡收益	1	0.5	0	0	0	0	0	0

续表

卖方位置	73	74	75	76	77	78	79	80
EOB 收益	7.6763	7.3666	6.6484	6.0889	6.1788	5.4256	5.541	4.9446
ZI－C 收益	3.8079	3.4829	3.3117	3.2347	2.7163	2.3636	2.6681	2.1801
均衡收益	0	0	0	0	0	0	0	0
卖方位置	81	82	83	84	85	86	87	88
EOB 收益	4.4493	4.1419	3.6227	3.1015	3.4464	3.1209	2.781	2.7717
ZI－C 收益	2.0477	2.0904	1.9108	1.7258	1.6928	1.6078	1.1771	1.1328
均衡收益	0	0	0	0	0	0	0	0
卖方位置	89	90	91	92	93	94	95	96
EOB 收益	2.2232	2.2862	2.1307	1.4929	1.3981	1.3515	1.2014	1.1321
ZI－C 收益	1.3004	0.9709	0.9906	0.8227	0.6669	0.7522	0.4185	0.5355
均衡收益	0	0	0	0	0	0	0	0
卖方位置	97	98	99	100	—	—	—	—
EOB 收益	0.9376	0.9953	0.8265	0.841	—	—	—	—
ZI－C 收益	0.5688	0.4563	0.3865	0.3556	—	—	—	—
均衡收益	0	0	0	0	—	—	—	—

附表 4－4　EOB 策略第三类供需曲线下实验数据

买方位置	1	2	3	4	5	6	7	8
EOB 收益	40.1967	41.5089	40.7142	40.9282	40.1444	40.2105	39.587	39.2454
ZI－C 收益	31.6278	33.3228	32.7846	33.081	32.7972	31.814	31.282	31.4153
均衡收益	33	32.5	32	31.5	31	30.5	30	29.5
买方位置	9	10	11	12	13	14	15	16
EOB 收益	37.8029	37.7148	37.2721	37.18	36.2691	36.1611	35.7086	35.1274
ZI－C 收益	30.8236	30.5372	29.9042	29.3359	29.0052	27.9462	28.2347	27.4812
均衡收益	29	28.5	28	27.5	27	26.5	26	25.5
买方位置	17	18	19	20	21	22	23	24
EOB 收益	34.2092	34.0518	33.8919	32.5826	32.2599	31.3912	31.7038	30.8258
ZI－C 收益	26.731	26.5539	25.783	25.5306	24.7686	24.0297	23.9069	23.2128
均衡收益	25	24.5	24	23.5	23	22.5	22	21.5

买方位置	25	26	27	28	29	30	31	32
EOB 收益	30.2249	29.7929	30.1922	29.7259	28.7383	28.5782	27.6971	26.9258
ZI－C 收益	22.9728	22.8802	21.9239	21.6861	20.9793	20.7046	19.7163	19.8498
均衡收益	21	20.5	20	19.5	19	18.5	18	17.5
买方位置	33	34	35	36	37	38	39	40
EOB 收益	26.723	25.7197	25.6371	24.3933	24.9036	23.6467	23.8419	23.483
ZI－C 收益	19.202	18.5485	17.9606	17.3499	17.4404	16.4683	16.3416	15.7606
均衡收益	17	16.5	16	15.5	15	14.5	14	13.5
买方位置	41	42	43	44	45	46	47	48
EOB 收益	22.6214	22.2315	21.6634	20.8406	20.5806	20.6365	19.4738	19.0169
ZI－C 收益	15.3358	14.4782	14.0898	13.7212	13.0133	12.5475	12.8716	11.6401
均衡收益	13	12.5	12	11.5	11	10.5	10	9.5
买方位置	49	50	51	52	53	54	55	56
EOB 收益	18.2688	18.0426	18.2675	16.9896	16.4456	15.5565	15.6845	15.3184
ZI－C 收益	12.0164	11.3401	10.551	11.1023	9.6038	9.6115	9.5018	8.833
均衡收益	9	8.5	8	7.5	7	6.5	6	5.5
买方位置	57	58	59	60	61	62	63	64
EOB 收益	14.5919	14.1784	13.8309	13.369	12.666	12.1835	11.3741	11.4498
ZI－C 收益	8.3992	7.9979	7.9499	7.2758	7.3539	6.7389	6.297	6.2953
均衡收益	5	4.5	4	3.5	3	2.5	2	1.5
买方位置	65	66	67	68	69	70	71	72
EOB 收益	10.6455	10.9555	10.3324	9.4022	8.6268	8.5314	7.962	8.1538
ZI－C 收益	5.2902	5.2928	5.1528	5.0443	4.5141	4.6386	3.9178	4.072
均衡收益	1	0.5	0	0	0	0	0	0
买方位置	73	74	75	76	77	78	79	80
EOB 收益	7.8271	6.6681	6.7954	5.947	6.0155	5.7311	4.9099	4.7715
ZI－C 收益	3.5035	3.5847	3.2664	3.1302	2.8698	2.6173	2.5025	2.1271
均衡收益	0	0	0	0	0	0	0	0
买方位置	81	82	83	84	85	86	87	88
EOB 收益	4.3792	4.5243	3.8791	3.4138	3.3093	3.0053	2.5498	2.3232
ZI－C 收益	2.1533	1.8673	1.8602	1.4959	1.4727	1.3106	1.1851	1.0269
均衡收益	0	0	0	0	0	0	0	0

续表

买方位置	89	90	91	92	93	94	95	96
EOB 收益	2.3457	1.9696	2.0087	1.8597	1.4653	1.3363	1.3196	1.2403
ZI－C 收益	0.9003	0.8603	0.8081	0.7858	0.5858	0.6481	0.6445	0.5511
均衡收益	0	0	0	0	0	0	0	0
买方位置	97	98	99	100	—	—	—	—
EOB 收益	1.0238	0.9172	0.7284	0.7338	—	—	—	—
ZI－C 收益	0.3246	0.333	0.2404	0.2932	—	—	—	—
均衡收益	0	0	0	0	—	—	—	—
卖方位置	1	2	3	4	5	6	7	8
EOB 收益	65.4114	63.7907	62.8	61.1205	59.9834	59.6253	58.1279	56.7975
ZI－C 收益	58.821	56.6338	55.0365	54.2245	52.9313	52.074	51.0445	50.7095
均衡收益	66	65	64	63	62	61	60	59
卖方位置	9	10	11	12	13	14	15	16
EOB 收益	56.8744	55.2894	54.2488	53.4043	52.4942	51.7058	50.0259	48.9963
ZI－C 收益	49.7651	47.9897	47.5865	46.9628	45.5745	45.0427	43.8703	42.3805
均衡收益	58	57	56	55	54	53	52	51
卖方位置	17	18	19	20	21	22	23	24
EOB 收益	48.2615	47.3548	46.595	45.4235	43.9506	43.8372	42.3181	41.3405
ZI－C 收益	41.7029	40.5828	40.0968	38.585	38.0614	36.8154	36.0365	35.2018
均衡收益	50	49	48	47	46	45	44	43
卖方位置	25	26	27	28	29	30	31	32
EOB 收益	40.2395	39.8101	38.3426	37.2974	36.4832	35.3376	34.7223	33.454
ZI－C 收益	34.3799	33.5303	32.7472	31.6519	30.7226	30.2735	28.8743	28.3763
均衡收益	42	41	40	39	38	37	36	35
卖方位置	33	34	35	36	37	38	39	40
EOB 收益	32.6155	31.0866	30.6468	29.6967	28.3077	27.8513	26.9793	25.1614
ZI－C 收益	27.3198	26.5497	25.4873	24.2591	23.6072	22.9987	21.9194	20.9849
均衡收益	34	33	32	31	30	29	28	27
卖方位置	41	42	43	44	45	46	47	48
EOB 收益	23.8706	23.4369	23.1396	21.2638	20.5685	19.0465	18.7049	17.4484
ZI－C 收益	20.5321	19.6571	18.6182	18.5633	17.2857	16.4047	15.7432	15.0572
均衡收益	26	25	24	23	22	21	20	19

续表

卖方位置	49	50	51	52	53	54	55	56
EOB 收益	16.6825	15.4207	14.2442	13.6107	12.8442	11.5849	10.8294	9.9415
ZI－C 收益	14.1904	13.8369	12.689	12.3588	11.6698	10.81	10.1817	9.9067
均衡收益	18	17	16	15	14	13	12	11

卖方位置	57	58	59	60	61	62	63	64
EOB 收益	8.7562	7.9473	6.9665	6.7157	5.4834	4.9844	4.4817	3.3161
ZI－C 收益	8.9982	8.3256	7.9266	7.3245	6.8288	6.4556	6.0374	5.2029
均衡收益	10	9	8	7	6	5	4	3

卖方位置	65	66	67	68	69	70	71	72
EOB 收益	2.8682	2.3278	1.8873	1.4124	1.1746	0.6923	0.5831	0.3035
ZI－C 收益	4.9856	4.6785	3.9746	3.5376	3.0443	2.7533	2.3343	1.7418
均衡收益	2	1	0	0	0	0	0	0

卖方位置	73	74	75	76	77	78	79	80
EOB 收益	0.2557	0.1488	0.1727	0.111	0.0492	0.0299	0.0074	0.0091
ZI－C 收益	1.3547	0.9443	0.6042	0.4416	0.3032	0.147	0.0938	0.039
均衡收益	0	0	0	0	0	0	0	0

卖方位置	81	82	83	84	85	86	87	88
EOB 收益	0.0042	0	0	0	0	0	0	0
ZI－C 收益	0.0144	0.0207	0.0106	0.0102	0.0097	0.0061	0.0053	0.0018
均衡收益	0	0	0	0	0	0	0	0

卖方位置	89	90	91	92	93	94	95	96
EOB 收益	0	0	0	0	0	0	0	0
ZI－C 收益	0	0	0	0	0	0	0	0
均衡收益	0	0	0	0	0	0	0	0

卖方位置	97	98	99	100	—	—	—	—
EOB 收益	0	0	0	0	—	—	—	—
ZI－C 收益	0	0	0	0	—	—	—	—
均衡收益	0	0	0	0	—	—	—	—

附表 5－1　动态 Hurwicz 策略第一类供需曲线下实验数据

买方位置	1	2	3	4	5	6	7	8
λ－凹	45.7903	39.9965	37.301	34.1696	30.6474	27.6187	24.5019	21.3764
λ－线性	44.0683	39.2384	36.4951	33.2725	29.8827	26.2088	23.1022	19.5936
λ－凸	40.2952	36.3138	33.2799	30.4743	26.6524	23.5153	20.0573	17.0301
ZI－C	40.2297	36.5965	32.6588	29.3851	26.006	22.7478	19.5086	16.3353

买方位置	9	10	11	12	13	14	15	16
λ－凹	18.0621	15.2674	12.7596	10.0274	7.9264	6.3072	4.5014	2.9466
λ－线性	16.6323	14.1281	11.1416	9.0387	7.3364	5.9525	4.4456	2.9203
λ－凸	14.1881	11.6203	9.6164	8.1227	6.9844	5.9422	4.5519	3.0634
ZI－C	13.5938	10.8981	8.3248	5.9629	3.7773	2.3191	1.1507	0.5358

买方位置	17	18	19	20	21	22	23	24
λ－凹	1.4296	0.5902	0.1863	0.0408	0.015	0.0033	0	0
λ－线性	1.4308	0.517	0.1743	0.0373	0.0094	0.0053	0.0006	0
λ－凸	1.4157	0.5749	0.1721	0.04	0.0159	0.0038	0	0
ZI－C	0.1996	0.0594	0.0208	0.0046	0.0035	0.0019	0	0

卖方位置	1	2	3	4	5	6	7	8
λ－凹	46.1133	40.3195	37.624	34.4926	30.9704	27.9417	24.8249	21.6994
λ－线性	44.3913	39.5614	36.8181	33.5955	30.2057	26.5318	23.4252	19.9166
λ－凸	40.6182	36.6368	33.6029	30.7973	26.9754	23.8383	20.3803	17.3531
ZI－C	39.7955	37.1328	33.5695	29.9235	26.7058	23.244	20.1641	17.027

卖方位置	9	10	11	12	13	14	15	16
λ－凹	44.5939	15.5904	13.0826	10.3504	8.2494	6.6302	4.8244	3.2696
λ－线性	16.9553	14.4511	11.4646	9.3617	7.6594	6.2755	4.7686	3.2433
λ－凸	14.5111	11.9433	9.9394	8.4457	7.3074	6.2652	4.8749	3.3864
ZI－C	14.0102	11.1565	8.5614	6.0447	4.1432	2.4904	1.2538	0.5699

卖方位置	17	18	19	20	21	22	23	24
λ－凹	1.4616	0.6222	0.2183	0.0728	0.047	0.0353	0	0
λ－线性	1.4631	0.5493	0.2066	0.0696	0.0417	0.0376	0.0329	0
λ－凸	1.7387	0.5972	0.1944	0.0623	0.0382	0.0261	0	0
ZI－C	0.2252	0.0802	0.0413	0.0115	0.0059	0.0001	0	0

附表 5 - 2 动态 Hurwicz 策略第二类供需曲线下实验数据

买方位置	1	2	3	4	5	6	7	8
λ - 凹	54.305	51.2688	48.281	45.0779	41.6374	38.478	35.2951	31.5767
λ - 线性	51.0248	48.9789	45.9741	42.8002	39.2623	36.1641	32.5816	29.236
λ - 凸	46.7428	45.6128	42.3407	39.0819	35.7832	32.0115	29.0524	25.3798
ZI - C	46.5351	42.6	39.7452	36.3483	32.9177	30.0426	27.1572	24.2625

买方位置	9	10	11	12	13	14	15	16
λ - 凹	28.42	25.3557	21.9259	18.8195	15.5118	12.5879	10.1842	8.0477
λ - 线性	26.0068	22.6386	19.1599	16.1896	13.2814	10.572	8.5795	7.1453
λ - 凸	21.9579	18.7137	15.8141	13.1563	10.9238	8.9276	7.466	6.4179
ZI - C	21.3655	18.6929	16.0638	13.5062	11.3519	9.0513	7.0408	5.2783

买方位置	17	18	19	20	21	22	23	24
λ - 凹	6.4063	5.0755	3.6774	2.2363	0.9706	0.3232	0.0686	0.0131
λ - 线性	5.8777	4.9237	3.6933	2.2144	0.9747	0.2922	0.0624	0.015
λ - 凸	5.585	4.912	3.6719	2.1675	0.9521	0.3423	0.0681	0.0121
ZI - C	3.4739	2.0428	0.9652	0.4451	0.144	0.0435	0.0142	0.0059

卖方位置	1	2	3	4	5	6	7	8
λ - 凹	42.3338	39.3013	37.5704	35.4699	33.4521	31.5092	29.3494	26.9983
λ - 线性	41.448	38.6848	37.1287	35.0835	32.8065	30.4258	28.6607	26.5946
λ - 凸	37.9947	35.8938	34.4088	31.9022	30.1472	27.8498	25.6178	23.2503
ZI - C	34.6912	33.7233	31.368	29.5289	26.9845	24.5964	22.2426	20.2636

卖方位置	9	10	11	12	13	14	15	16
λ - 凹	24.8793	22.8371	20.6346	18.7216	16.7743	15.0457	13.2627	11.6342
λ - 线性	24.3389	22.0748	20.1615	17.9679	15.9492	13.9815	12.4624	10.9876
λ - 凸	21.433	19.2114	17.2241	15.1975	13.5804	11.9335	10.5781	9.484
ZI - C	18.2047	16.2111	14.2537	12.4282	10.794	8.915	7.2992	5.7282

卖方位置	17	18	19	20	21	22	23	24
λ - 凹	10.0389	8.7075	7.7549	6.3907	5.0589	3.8862	2.7031	1.6773
λ - 线性	9.652	8.3713	7.272	6.4884	5.371	3.9706	2.8883	1.7374
λ - 凸	8.6142	7.8544	7.0141	6.1027	5.2056	3.9921	2.8732	1.8129
ZI - C	4.3256	3.3093	2.2744	1.59	0.982	0.6092	0.3569	0.2133

附表 5-3 动态 Hurwicz 策略第三类供需曲线下实验数据

买方位置	1	2	3	4	5	6	7	8
$\lambda-$凹	44.6966	44.0799	42.5016	41.1646	39.0431	37.4333	35.3564	33.526
$\lambda-$线性	43.5365	43.8916	42.3063	40.7786	38.8177	36.9042	35.0011	32.8148
$\lambda-$凸	39.4531	40.8979	39.1068	37.1564	35.4804	33.1995	31.2574	29.5459
ZI-C	34.6973	33.5805	31.7808	30.481	28.5762	26.6645	24.9727	23.43

买方位置	9	10	11	12	13	14	15	16
$\lambda-$凹	31.7948	29.9255	27.9247	26.2095	23.9817	22.0588	20.2134	18.4729
$\lambda-$线性	31.0699	29.0294	27.1675	25.3255	23.5167	21.4206	19.3504	17.7378
$\lambda-$凸	27.3844	25.9404	23.7596	21.6624	19.7527	17.9944	16.2713	14.8705
ZI-C	21.2924	19.8773	18.1732	16.6113	14.9538	13.2062	11.8677	10.6178

买方位置	17	18	19	20	21	22	23	24
$\lambda-$凹	16.7623	15.211	13.8934	12.004	10.8807	9.5762	8.0935	7.1331
$\lambda-$线性	15.8216	14.4691	12.9222	11.6612	10.4741	9.1054	8.1142	7.0047
$\lambda-$凸	13.4888	12.1679	10.937	9.9224	8.9871	8.5158	7.7672	6.8347
ZI-C	9.0594	7.7923	6.5674	5.41	4.3722	3.4139	2.5119	2.1315

卖方位置	1	2	3	4	5	6	7	8
$\lambda-$凹	53.1587	48.8198	46.4927	43.637	41.5565	38.8626	36.0056	33.6322
$\lambda-$线性	49.8196	46.553	44.2049	41.7257	38.9163	36.132	33.4934	30.7436
$\lambda-$凸	45.149	42.929	40.9747	38.0221	35.4622	32.7644	29.8051	26.8951
ZI-C	47.1788	44.1772	41.2093	38.2584	35.6185	33.0885	30.856	27.8379

卖方位置	9	10	11	12	13	14	15	16
$\lambda-$凹	30.6697	28.0212	25.4695	22.5247	20.1744	17.6887	15.1649	12.8556
$\lambda-$线性	28.3013	25.3514	23.0855	20.5166	17.7639	15.0747	12.9623	10.8183
$\lambda-$凸	24.3974	21.6362	19.0005	16.7202	14.2792	12.0363	10.3436	8.6738
ZI-C	25.6351	23.1194	20.3624	18.1997	15.8904	14.0693	12.0783	10.1994

卖方位置	17	18	19	20	21	22	23	24
$\lambda-$凹	10.613	8.7432	7.3653	6.1064	5.1218	4.0642	2.7912	1.5241
$\lambda-$线性	9.0937	7.4121	6.6258	5.6222	4.8347	3.9905	2.838	1.5482
$\lambda-$凸	7.7277	6.6556	5.9708	5.3464	4.7938	3.8965	2.7773	1.4809
ZI-C	8.3561	6.7319	5.1779	3.5721	2.2863	1.2305	0.6374	0.2732